樂焼創成

樂ってなんだろう

樂 吉左衞門

淡交社

樂家印譜帳より

はじめに

「らくやき」という言葉を知っている人は、案外多いかもしれない。しかしそれがどういうものか的確に説明できる人は少ない。たとえば観光地の土産物店の角にある「らくやきコーナー」。趣味の「らくやき」教室もある。手軽な電気窯さえあれば簡単に楽しめる焼物。楽に、楽しく、楽々と……。文字の意味が短絡的なイメージとなって広まっている。

今ここで「樂焼」と書いてみよう。そこにはまったく別な世界が見えてくるはず。

「樂焼」、それは今から四〇〇年前、茶の湯のためにはじめられた日本の焼物……樂茶碗の世界。


初歩的な疑問に答えながら、この本ははじまります。グラフィカルに楽しみながら、気楽にページを繰ってみてください。小さな茶碗の造形の中に時代精神があふれています。手のひらに包まれる小さな樂茶碗の中には、日本文化の底流から湧き出る意識宇宙が広がっているはず。感性を解放して直感的に感じ取ってみてください。「樂焼」という陶芸の全容が見えてきます。

樂焼創成

樂《らく》ってなんだろう

目次

樂焼家元

中世

室町から江戸へ、中世という古い権威と価値が崩壊し、近世江戸の新しい体制が樹立されるわずか四〇年ほどの狭間の時代、「桃山時代」……

それは狭間に掛かる橋の上の劇場であった。

制度化された価値と権威から解放されたきわめて自由主義的な劇空間は、社会の枠組みをはみ出した種々な人々が交差し、思い思いの役を演じた自主演劇、独立プロであった。中央権威の崩壊による生き残りをかけた闇を通りぬけ、流された血の痛みのなかから人々は自己を誇らかに語るすべを身につけた。

農民から天下人を夢見た男、自由交易の海の向うに世界の広がりを見た者、茶の湯という芸能に命をかけた男、河原で演じられた歌舞伎踊りに己を忘れて興じた群衆。それぞれが己の夢を掘り起こし、己を演じ、己を実現していった。

色彩がひしめき合い、動き、擦れ合い、橋上の演劇は種々雑多、創造のエネルギーに充ちている。これほどに個性豊かな文化を創出した時代があっただろうか。それは過去の様式からも決別した個的な創造の営みに支えられていた。

中世から近世へ。その狭間の橋を人々が渡り終えたとき、近世江戸の絶対主義的な巨大な制度の前に桃山という橋上の演劇は、その幕をおろす。

——今、語りはじめる樂焼は、まさに桃山という時代に誕生した。

プロローグ

樂焼の生まれた桃山という時代

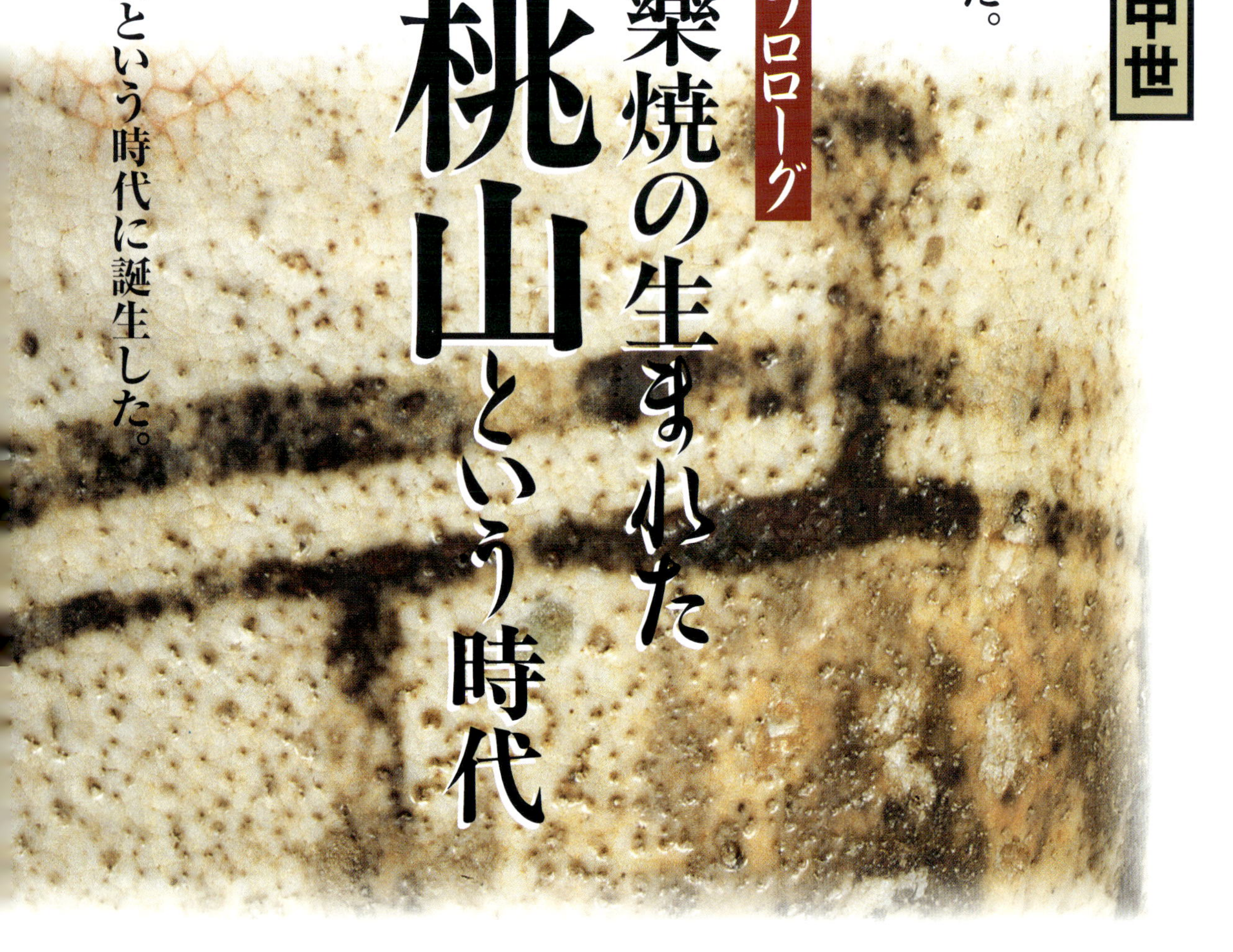

唐獅子図屏風

黄金

樂市樂座

聚樂第図屏風

千利休

織田信長

自由交易

志野茶碗 銘「橋姫」部分

商業主義の台頭

■唐獅子図屏風　右隻　狩野永徳筆　御物
宮内庁三の丸尚蔵館蔵

大画面に大胆な構図で、生命力に充ちた獅子を描ききった永徳の代表作の一つ。この屏風は秀吉が高松城を攻めている最中に信長の死を聞き、急遽、毛利家と和議を結んだ際、毛利方に進呈されたとも伝えられている。桃山時代を代表する絵師・永徳は、織田信長の命を受けて安土城内、さらに秀吉の大坂城や聚樂第に金碧障壁画を描いた。四八歳という働き盛りで永徳が世を去ったのは天正一八年(一五九〇)。

■聚樂第図屏風　三井記念美術館蔵

聚樂第は豊臣秀吉が京都に造営した広大な邸宅で天正一四年(一五八六)春に着工し、翌年秋に完成。東は大宮通、西は浄福寺通、北は一条通、南は出水通に及んだという。のちに甥の秀次の居所となったが、謀叛のうわさに激怒した秀吉の命で秀次が切腹後、文禄四年(一五九五)に破却された。本屏風は、その存在が一〇年にも充たない聚樂第を描いた貴重なもので、京の新しいモニュメントである完成まもない聚樂第の偉容がうかがえる。

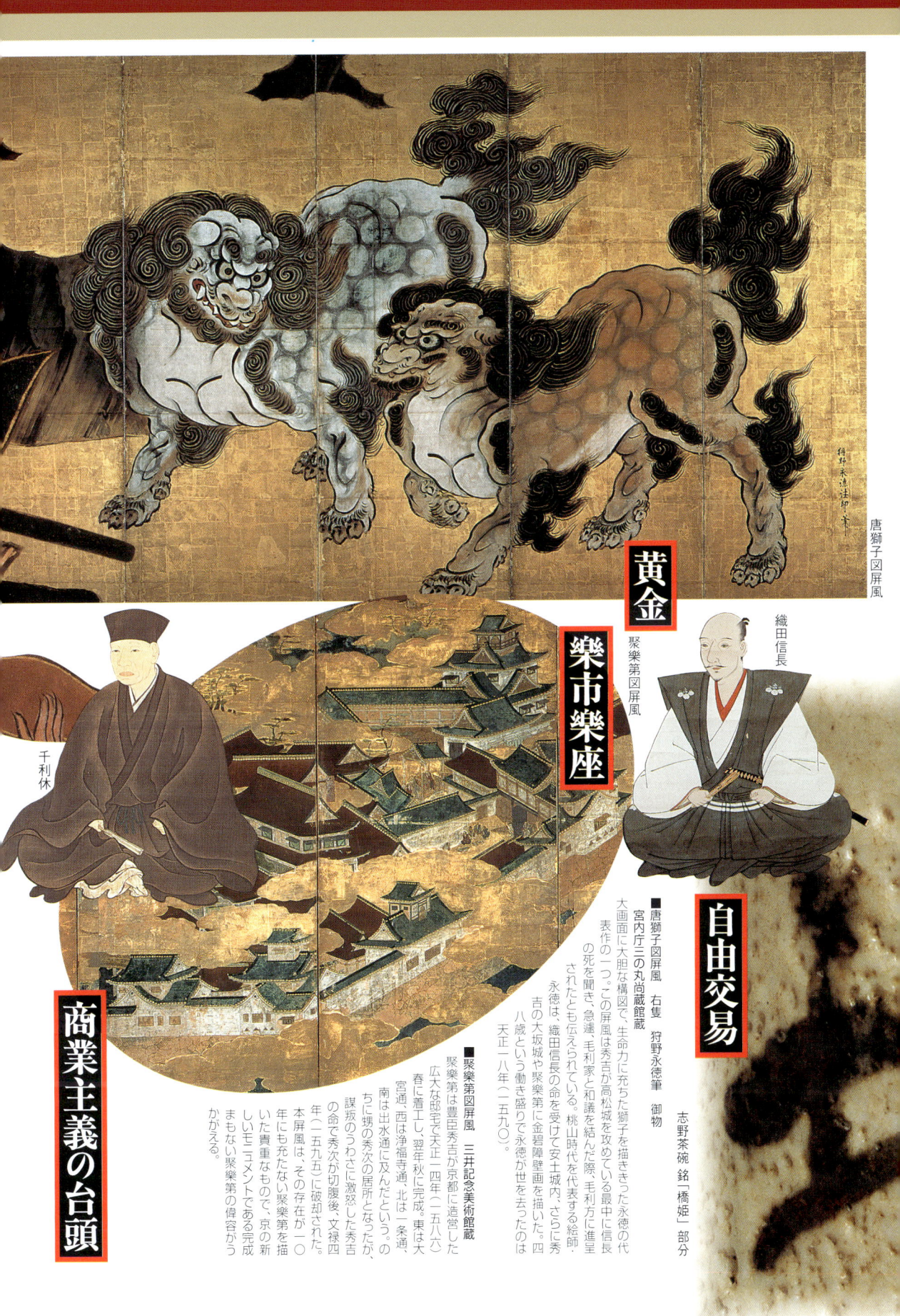

異端

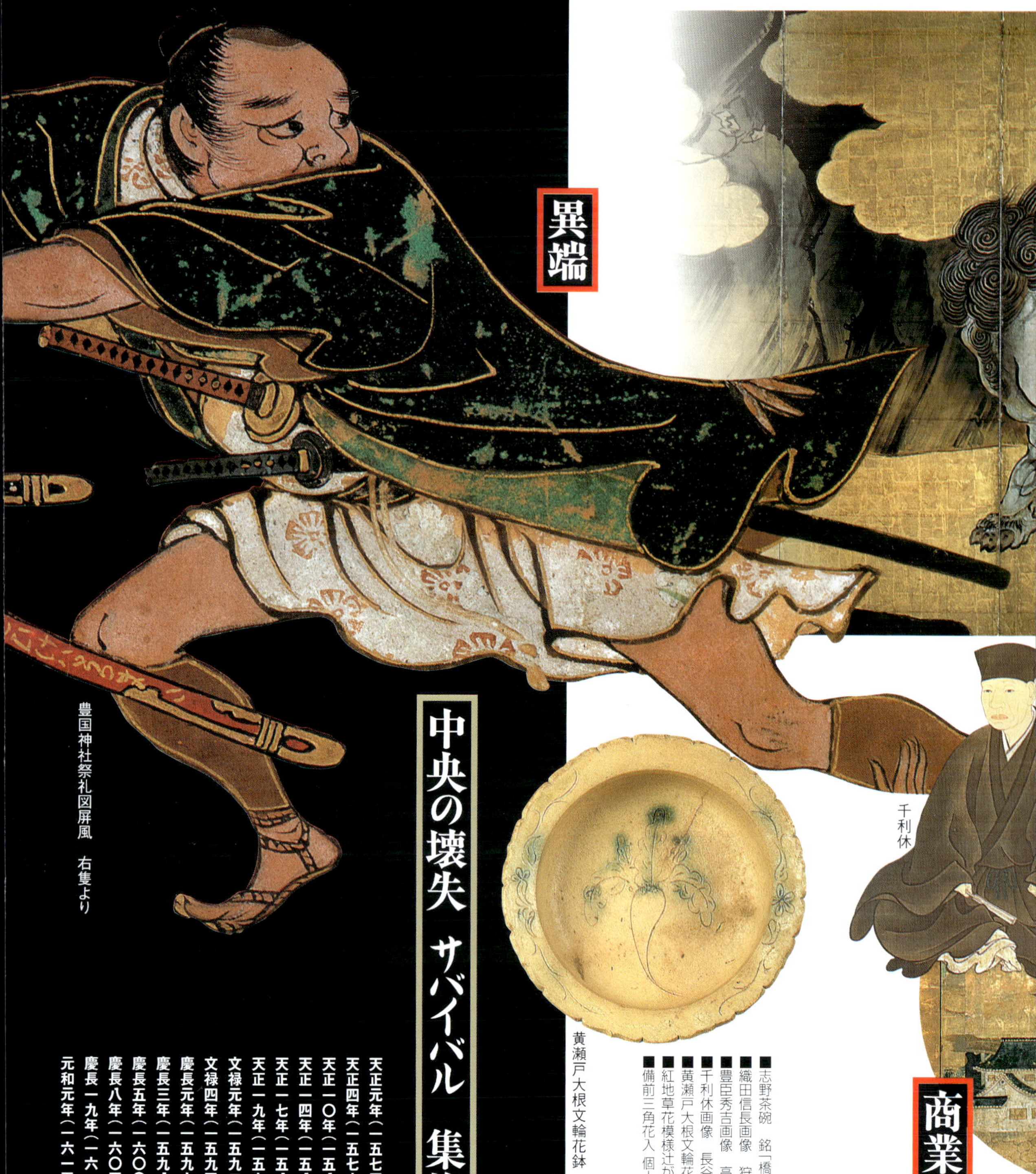

豊国神社祭礼図屏風　右隻より

千利休

中央の壊失　サバイバル　集権から分権

黄瀬戸大根文輪花鉢

■志野茶碗　銘「橋姫」　部分　東京国立博物館蔵
■織田信長画像　狩野元秀筆　長興寺蔵
■豊臣秀吉画像　高台寺蔵
■千利休画像　長谷川等伯筆　春屋宗園賛　不審菴蔵
■黄瀬戸大根文輪花鉢　重要文化財　相国寺蔵
■紅地草花模様辻が花染入縫箔　部分　東京国立博物館蔵
■備前三角花入　個人蔵

商業主義の台頭

天正元年（一五七三）
天正四年（一五七六）　安土城築城
天正一〇年（一五八二）　織田信長没
天正一四年（一五八六）　聚樂第造営はじまる
天正一七年（一五八九）　長次郎没か
天正一九年（一五九一）　千利休没
文禄元年（一五九二）
文禄四年（一五九五）　聚樂第破却はじまる
慶長元年（一五九六）
慶長三年（一五九八）　豊臣秀吉没
慶長五年（一六〇〇）　関が原の戦
慶長八年（一六〇三）　出雲の阿国、京で歌舞伎踊り
慶長一九年（一六一四）　千少庵没
元和元年（一六一五）　古田織部没／豊臣家滅亡

備前三角花入

豊臣秀吉

紅地草花模様辻が花染入縫箔　部分

過渡期にかけた夢

自由主義　自己実現　自己主張　個性

価値の崩壊と創造

多彩

歌舞伎図巻 下巻より

伊賀水指 銘「破れ袋」

豊国神社祭礼図屏風 左隻より

豊国神社祭礼図屏風 左隻より

近世

歌舞伎図巻　下巻より

かぶき

徳川家康

織部茶碗　銘「柾垣」

動き

豊国神社祭礼図屏風

■豊国神社祭礼図屏風　右隻部分　重要文化財
徳川美術館蔵

かぶき者の喧嘩の場面。慶長五年（一六〇〇）の関が原の戦が終わり、太平の世が到来したけれども、やがて来る大坂・夏の陣を予感させるある種の不穏な空気もあった。そうした世を映す鏡のように華美で異様な風体の「かぶき者」が登場した。この屏風は、秀吉の七回忌に慶長九年（一六〇四）に催された祭礼を記録したもの。もろ肌をぬいだかぶき者の大刀長柄の朱鞘には「いきすぎたりや　廿三　八まん　ひけはとるまい」とある。下剋上の世に生まれ遅れたかぶき者の行き場のない思いが「いきすぎたりや」という言葉にあらわれている。

■豊国神社祭礼図屏風　左隻部分　重要文化財
徳川美術館蔵

上京の笠鉾が町衆の熱気に取り囲まれるようにして動いている有り様を描いた場面。南蛮人と思われる主従も混じって踊っている。

■歌舞伎図巻　下巻部分　重要美術品　徳川美術館蔵

出雲の阿国の歌舞伎踊りは人気を博し、追随するものがつぎつぎに出現した。この図巻に描かれた采女もそうした一人で、本図は「茶屋遊び」の場面。首にロザリオ、豪奢な衣装の重ね着、そして刀に肘をつくかぶき者を象徴するポーズで描かれている。見物客たちも当時流行の襞襟、長キセル、南蛮風などが克明に描かれていて興味深い。

■徳川家康画像　宝台院蔵
■伊賀水指　銘「破れ袋」　重要文化財　五島美術館蔵
■織部茶碗　銘「柾垣」　個人蔵

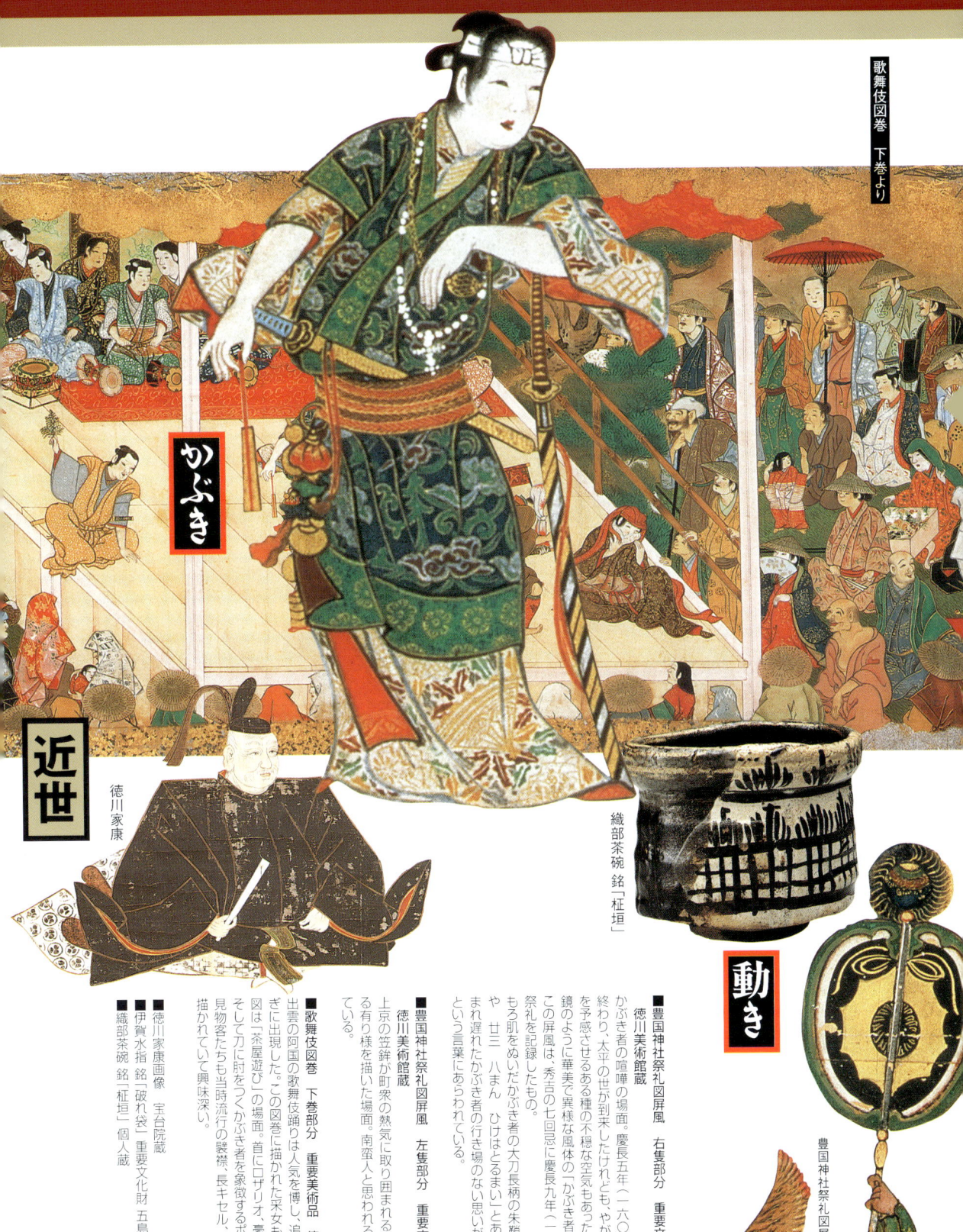

Ⅰ章

樂茶碗ってなんだろう

樂家玄関の暖簾

今から四〇〇年前の桃山時代、茶の湯をかたちづくった千利休が、自分のめざす理想の茶の湯茶碗を長次郎という男に造らせた。長次郎は利休の茶の湯の理想をくみ取り、茶碗にこめた。それが樂焼の興り。長次郎と利休、二人の間にどのような親密な心の交流があったのだろうか。

赤茶碗と黒茶碗、利休の茶の湯の理想にかなう茶碗、樂焼のはじまり。

それは桃山という狭間の時代に掛けられた橋上の演劇、利休と長次郎によって突然語りはじめられた物語のようにさえ思われる。

樂茶碗の誕生

いつ、どこで、誰が？

樂焼の興りは茶の湯にもちいる茶碗を造り出すところからはじまった。ではいつ、どこで、誰がはじめたのだろう？

樂焼をはじめたのは長次郎《ちょうじろう》という男。陶工とも装飾瓦を制作する工人とも伝えられている。

長次郎が樂焼を興したのは桃山時代、天正年間（一五七三—九二）半ばごろ、京都洛中でのことだった。

当時真新しい長次郎の造った茶碗には、まだ「樂茶碗」という名称はなく、「今焼《いまやき》茶碗」と呼ばれていた。長次郎の活躍した桃山時代は茶の湯の最盛期。長次郎の今焼茶碗のほか、すでに美濃地方で初期の瀬戸黒《せとぐろ》や黄瀬戸《きせと》の茶碗が焼かれていた。長次郎茶碗が世の人を驚かせ脚光を浴びたのは、当時の茶の湯をリードする茶の湯者千利休《せんのりきゅう》（一五二二—九一）との密接な結びつきによる。

喫茶の風習は鎌倉時代、禅僧栄西（一一四一—一二一五）によって中国よりもたらされたといわれている。茶を点《た》て客をもてなす行為が、禅僧の寺院で、また室町幕府を中心とした武士の間で、あるいは町人の間でさまざまな様式の変遷を踏み、日本独自の様式と思想をもって大成されるのは、栄西よりかぞえておよそ三八〇年後、千利休のはたらきによる。

長次郎の茶碗は利休の注文によって焼かれた。利休がみずからの茶の湯の思想を深め「侘茶《わびちゃ》」といわれる様式と思想を完成するのは天正一〇年（一五八二）以降、豊臣秀吉の活躍する時代であった。その「侘茶」にかなう茶碗として長次郎茶碗は生み出された。その意味では長次郎茶碗は利休の「侘茶」の美学をもっとも濃厚にあらわし、その思想を一身に背負った茶碗ということができる。見方を変えれば、長次郎茶碗は利休の茶碗であり、長次郎一人では生み出せなかったともいえる。長次郎と利休の共作、利休が造形の思想的背景を築き、長次郎がそれをくみ取り、茶碗という形にあらわした。

今日、長次郎以来四〇〇年あまり、樂焼の伝統は長次郎を家祖とする樂家に伝えられている。現在の樂家は京都上京区にある。二条城の北側、秀吉の建てた「聚樂第《じゅらくだい》」のあった位置からさらに四〇〇メートルほど東の方向、利休の茶の伝統を受け継ぐ千家からも近い。長次郎が今の樂家の地に窯を築いていたかどうか判然としないが、少なくとも資料のうえでは長次郎からかぞえて三代目、道入（一五九九—一六五六）の時代にはすでに現在の地に窯を築いて活動していた。樂家玄関には本阿弥光悦（一五五八—一六三七）筆と伝えられている「樂焼　御ちゃわん屋」なる暖簾が掛けられている。樂焼はまさに御「茶碗屋」からはじまった。

長次郎作　二彩獅子　重要文化財　樂美術館蔵

樂焼を興した長次郎という男、どのような風貌をもち、どのような物語をたずさえて桃山の舞台に登場したのだろう？　それを伝える資料は少ない。一介の工人が名を後世にとどめるだけでも稀な時代に、その風貌をとどめる肖像など期待すべくもない。

長次郎没年よりちょうど一〇〇年後の元禄時代、長次郎を家祖とする樂家五代宗入（一六六四―一七一六）の書き残した系図（「宗入文書」）の中に長次郎の出生にかかわる文書が残されている（16頁写真参照）。

「あめや悴　長次郎　辰の年までに百年ニ成」

「あめや悴」、長次郎の父にあたる「あめや」は、人の名前。飴を商う人という意味ではない。おそらく中国からの渡来人、樂焼の技術をもった工人であろう。

「辰年」はこの文書が書かれた年、すなわち元禄元年（一六八八）、長次郎の没年がこの文書を書いた年よりかぞえて一〇〇年ほどに昔になると語っている。元禄元年から一〇〇年前は天正一七年（一五八九）、まさに桃山時代真っ盛りである。しかし長次郎の生年は不明、したがって何歳で亡くなったのかはわからない。

長次郎の残した作品は茶碗がその大半を占め、茶入、香炉などはわずかに数点あるのみ。どの作品にも作者の署名や印はなく、その意味では正確な判断に欠く。しかしただ一点、作者の署名の彫られた作品が伝わっている。それは五〇センチほどの大きさの獅子の立像。腹部には「天正二年春　長次良寵命　造之」と力強く彫られている（16頁写真参照）。この獅子の立像は屋根の上を飾る装飾瓦と考えられてきたが、それは長次郎が瓦を制作する工人であったという伝承から類推されたものであろう。しかしこの作品は装飾瓦というよりむしろ一箇の置物、まさに桃山の彫刻作品といえる。いまにも挑みかかろうと身がまえる獅子の像。動き荒れ狂うこんなに凄まじい生命感にあふれた像が、誰のために造られ、どこに飾られていたのであろう。それを知る資料は残されていない。

陶工長次郎という男とは？

一点打って変わって静寂のなかに身をしずめる長次郎の茶碗。その静かな造形の奥底には、この獅子像のたぎるような凄まじい創造のエネルギーが秘められている。とすれば長次郎という男、まさにこの獅子のような個性と力に充ちた男だったのではないだろうか。

もっと力強く個性的に！

もっと荒々しく揺さぶるような具体性をたずさえて！

もっとダイナミックに生命をたぎらせて！

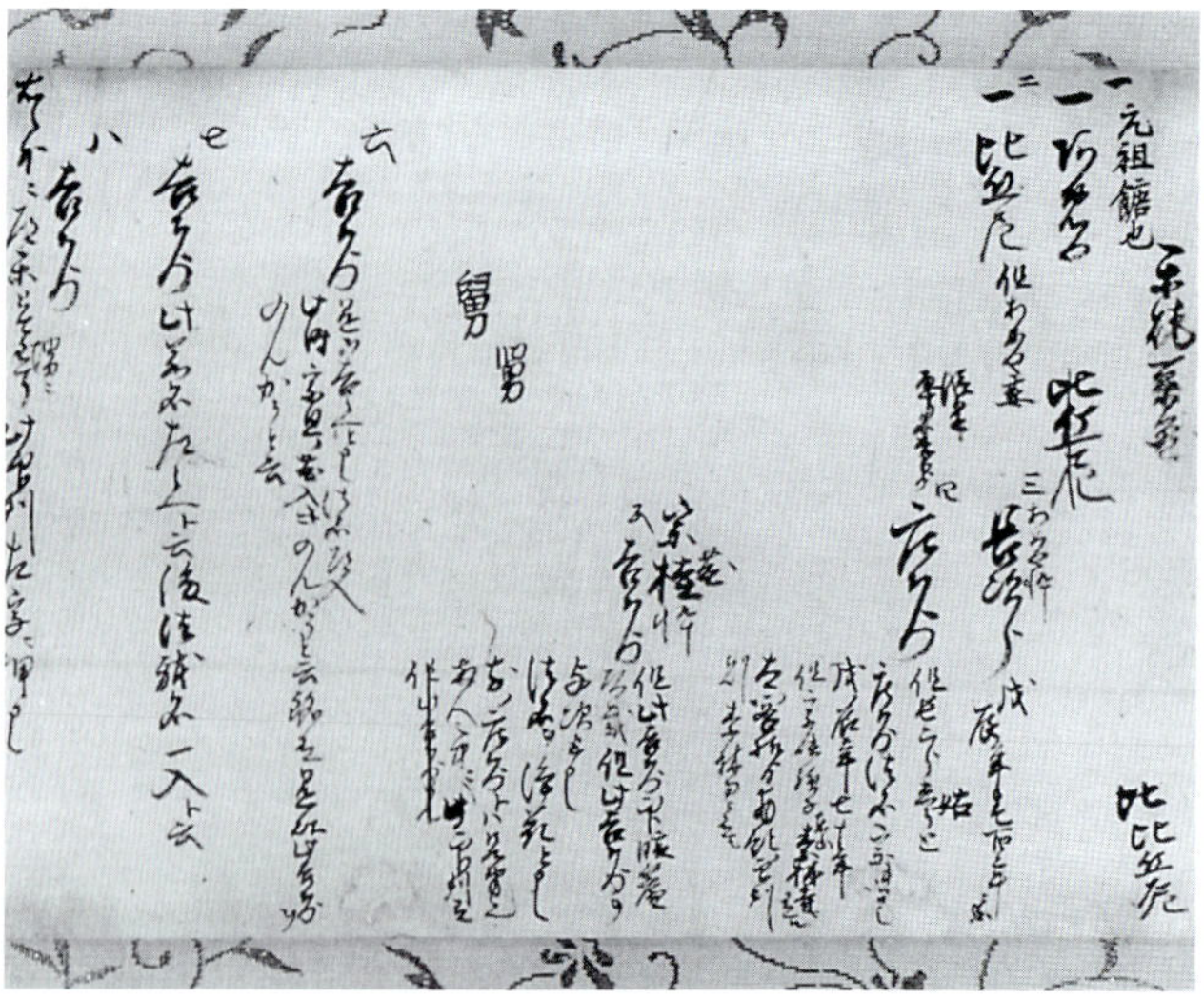

「宗入文書」は樂家の系図を考えるうえでもっとも重要な資料。五代宗入によって記された。二通の覚と一通の系図（写真参照）の三通の文書からなっている。

一、元祖飴也　　樂家系図

一　一、あめや　比丘尼

二　一、比丘尼但あめや妻

三　あめや悴　長次郎　辰の年まで百年ニ成

四　通り名吉左衞門　庄左衞門　但長次郎しうと　庄左衞門法名宗味也　戊辰年七十年　東山　但宗味孫子素林寺ニ有候　太閤様より拝領の印　即素林寺ニ有候

慶　宗桂悴

五　吉左衞門　但此吉左衞門印暖簾　頂戴但此吉左衞門を　与次と申候　法名浄花と申候　前ノ庄左衞門と六兄弟也　両人之中に此印判有

舅　舅

六　吉左衞門　是を吉兵衞と申候法名道入　此時宗旦の花入ニのんかうと云銘有是以此吉左衞門　のんかうと云

七　吉左衞門　此前名左兵衞ト云　後法体名一入ト云

八　吉左衞門

右之外ニ道樂とて有り此印判左字ニ押申候

長次郎作　彩釉獅子像の腹部に彫られた銘
「天正二年春　長次良寵命　造之」

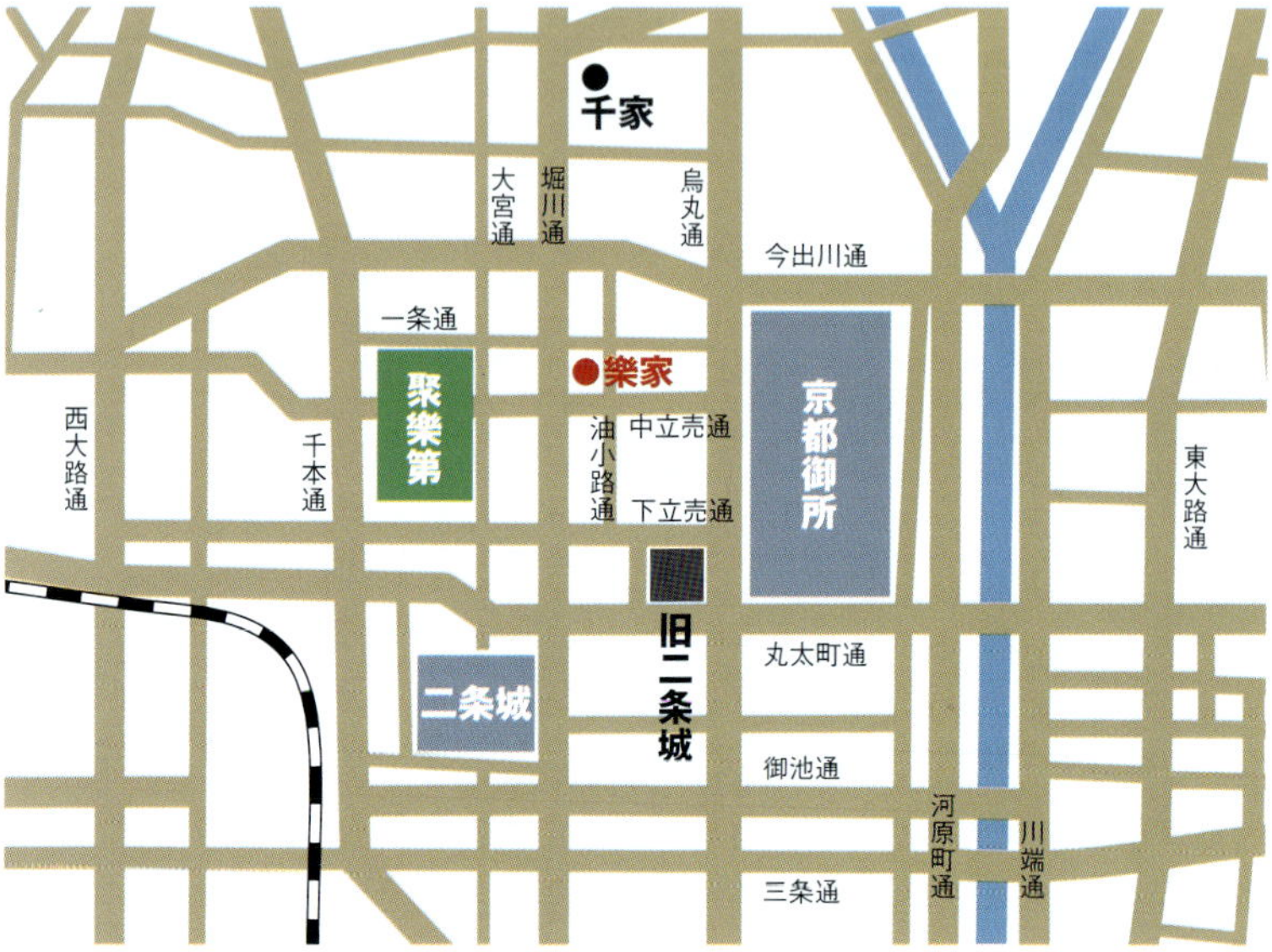

聚樂第地図
聚樂第のあったとされる場所と樂家の位置関係を見ると、樂焼がほとんど聚樂第のお庭焼のようにも見える。

なぜ「樂」と呼ばれるのだろう？
——Art nowとしての茶碗

長次郎茶碗は、それまでの焼物とはまったく異なる方法論と技術によって導かれた茶碗である。今まで見たこともない長次郎の茶碗の味わい。人々はこの名づけるすべをもたない新しい茶碗を「今焼《いまやき》茶碗」と称した。

「今焼」つまりは〈現代の陶芸…Ａｒｔ ｎｏｗ〉。

さて「樂焼」あるいは「樂茶碗」の名称はいつごろ興り、なぜ「樂」と呼ばれるようになったのだろう？

伝承によれば「樂」の名の興りは、長次郎が秀吉より「樂」の字を賜ったことによるとされている。それを印として茶碗に捺したという。しかし長次郎の茶碗と考えられるものに印は捺されていない。樂の字印を使用するのは長次郎の没後、あとを継承する作者からである。ではなぜ「樂」という名になったのだろう？

秀吉からの拝領という伝承もさることながら、「樂」の字は「樂市樂座」「聚樂第《じゅらくだい》」などと当時よく使用されている。「聚樂」まさに楽しみを集める装置、桃山の橋上の新しい演劇空間にこそ「樂」の字はふさわしいではないか。

その答えを出す前に、もう少し「今焼茶碗」の名称のはじまりから、長次郎茶碗の足取りをたどってみよう。

長次郎の茶碗が世の中に流布されるのは天正一〇年（一五八二）以降と考えられる。当時の文献の中で天正一四年、利休の茶友で奈良の茶人中坊源吾という人物が催した茶会で「宗易形ノ茶ワン」を使用した記述が残っている（『松屋会記』）〔注〕。宗易形《そうえきがた》、つまり利休形の茶碗。まさにこれこそ長次郎の今焼茶碗のデビューを語る記載ではなかっただろうか。

「宗易形ノ茶ワン」の記載はその一回かぎりで、それを境に、以後「今焼茶碗」使用の記載が頻繁にあらわれる。やがて「聚樂焼茶碗」という名に変わる〔注〕。

長次郎の今焼茶碗は、じつは利休の茶碗であった。おそらく利休を通して世に出されていたのだろう。しかも時代は桃山を象徴する豪華な建築「聚樂第」の建設されたころ、利休は秀吉につかえる茶の宗匠として「聚樂第」邸内の一角に屋敷をもつことを許されていた。まさにそこから、利休の手を経て、長次郎の今焼茶碗は世に送り出された。

「聚樂第」、それは桃山文化の発信地、時代を語るシンボルでもあった。やがて桃山の終焉を暗示するように「聚樂第」は文禄四年（一五九五）に取り壊されるが、長次郎の今焼茶碗に冠せられた「樂」の字は、「聚樂第の茶碗」というその名残の意味になっていたと考えられよう。

〔注〕「宗易形ノ茶ワン」が「今焼茶碗」「聚樂焼茶碗」という名称に変わるのはおそらく利休、長次郎没後だろう。「聚樂焼茶碗」の名称は利休の孫、千宗旦の文書をはじめ古文書の中に拾うことができる。『松屋会記』慶長一三年（一六〇八）の宗旦の茶会の記述の中で「シュ樂黒茶ワン」、同じく宗旦の慶安二年（一六四九）の茶会の記述に「シュ樂茶ワン、今、油小路ニテニセテ今焼キ候由」とある。なお「シュ樂茶ワン」は「朱樂茶ワン」ではなく「聚樂茶碗」と考えられる。

長次郎と利休の関係
——その彼方に浮かぶ世界

長次郎茶碗には作者本人のしるしはない。では利休は長次郎茶碗についてなんらかの書付をおこなったのだろうか。長次郎茶碗で利休自身が書付をしたとされるものは伝世品のなかではたった三碗、しかも利休の署名はそこにはなく、その真意を我々は伝承に頼らなければならない〔注1〕。また、利休が長次郎にあてた手紙も残されてはいない。あとは状況証拠のように、長次郎茶碗に触れた内容の利休の手紙があるだけ〔注2〕、しかも数は少ない。樂焼創成となる利休と長次郎との出会い、それは確かなものにはちがいないが、その関係を具体的に直接語る文献資料は圧倒的に少ない。二人の間にはどのような関係が生じ、どのような心のやり取りがあったのだろうか。その密なる関係こそ我々が知りたいものなのに。

しかし我々はなぜか確信犯のように、利休と長次郎を強く結びつけようとする。

利休から四〇〇年以上たった現在、我々は何をもって利休の茶の思想をくみ取るのか？

それはおそらく長次郎茶碗をはじめ利休の残した物の中にしかないだろう。我々は今、不確かな後世の伝承や利休・長次郎物語をすて、ほんとうはもっとダイレクトに長次郎茶碗そのものから発する利休の茶の本質を感じ取らなければならない。

桃山という時代を素直に語り時代の美を代表する美濃茶碗や備前、伊賀や信楽《しがらき》の焼物があらわす美意識とは徹底して異なる長次郎茶碗。まるで桃山という時代性をも否定し超えていこうとするかのようなその姿は、あまりにも個的な色合いに彩られている。その長次郎茶碗が内に秘める前衛的な造形こそ、「侘茶」という茶の湯の思想に命をかけた利休という存在を無くして解きあかすことはできないもの。利休とともに語らなければならない内実であるだろう。

長次郎茶碗がたたえる静寂の向う岸、彼方に広がる象徴世界、そこに行き着く精神の冒険を、我々は畏怖心と戦慄を交えながら感じざるをえない。本書は長次郎茶碗の特色、樂茶碗の特色を一つ一つあきらかにしていくことで、個的な要素を検証し、他の桃山陶芸とは異なる差異のなかに、利休と長次郎の引き離しがたい関係を、読み取ろうとする試みでもある。

〔注1〕利休自身の書付があるのは、黒樂茶碗「東陽坊」（箱書に利休の文字）、「俊寛」（箱書貼紙に利休の文字）、赤樂茶碗「一文字」（茶碗見込に利休の文字）の三点と考えられる。

〔注2〕利休の大納言秀長宛書状に「御茶碗二ケ唯今到来候　又あかく御座候を可仕之由申付候（秀長からたのまれていた茶碗二個ができあがった、また赤茶碗を造るようにも申しつけておきました）」が認められるのをはじめ、古田織部宛「焼茶碗今日相尋申候間　紹二ニ渡進之候（織部から依頼されていた焼茶碗ができあがってきたので千紹二にもたせて進呈する）」、瀬田掃部宛「赤茶碗之事長次二内々焼せ申者殊に見事候（長次郎に焼かせた赤の茶碗がみごとな出来ばえであった）」など、長次郎と利休の関係がうかがわれる。ただし「焼茶碗」はかならずしも「樂茶碗」とは確定できない。

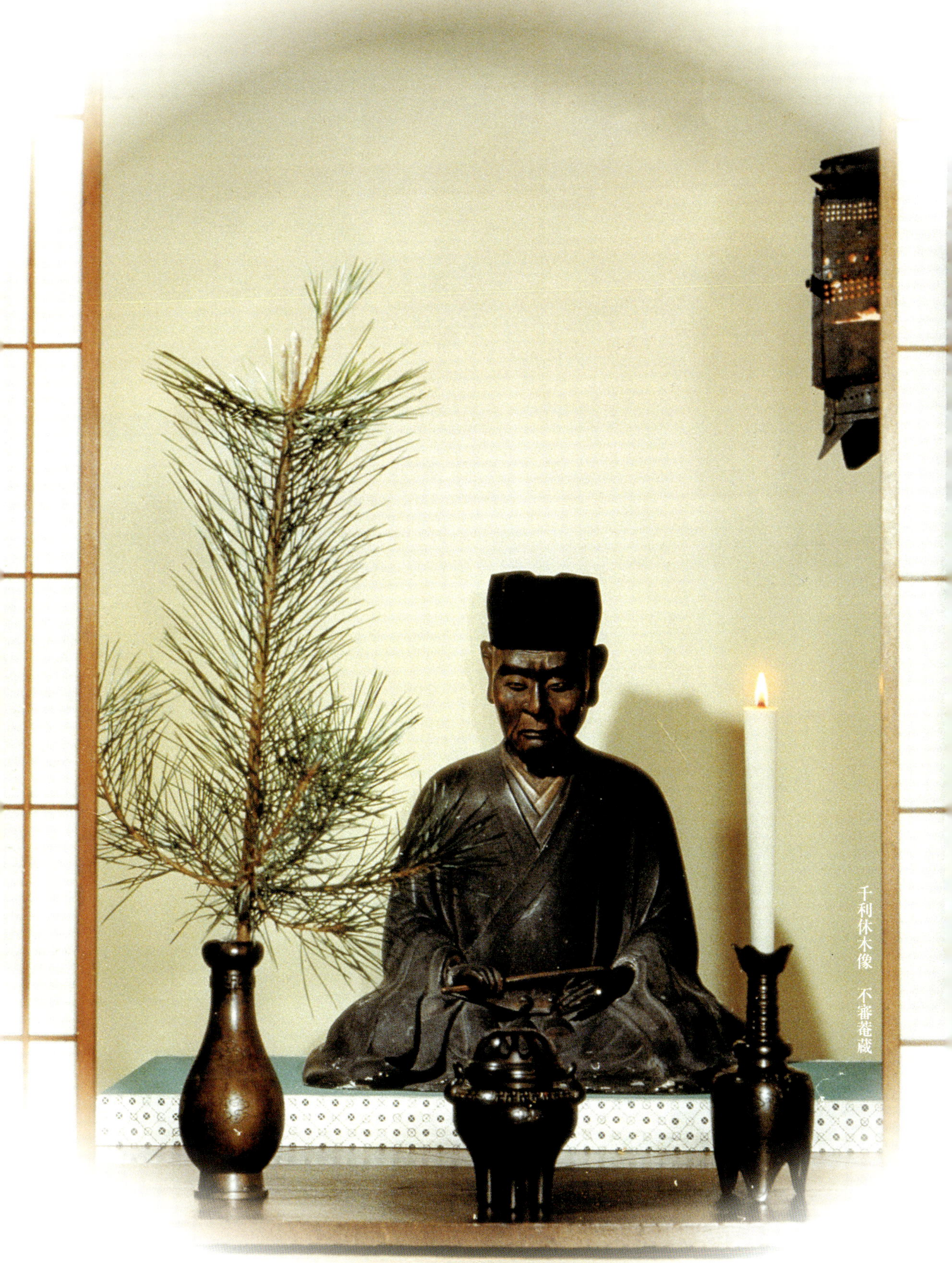

千利休木像　不審菴蔵

樂茶碗の特色

「弥勒菩薩半跏思惟像」の手
国宝　広隆寺蔵

やわらかく優しい手の表情。
その小さな掌に
三千仏国世界の慈悲が
宿っている。

手で捏ね上げた自然な姿をそのままに残す長次郎の赤樂茶碗「白鷺」。稚拙といえぬことはない。それほどに素朴な造形が、土のやわらかさと手の温かみを結びつける。よく見れば、指跡の起伏が茶碗の胴部を廻ってわずかに残っている。長次郎茶碗のなかでもっとも早い時期に制作された茶碗ではないだろうか。

樂茶碗は手の姿

　両手を土に添えて、そっと抱え込むように立ち上げていく手捏《てづく》ね（手び練り）技法の樂茶碗。ロクロ制作が全盛の桃山時代には、手捏ね技術での制作は、唯一、長次郎の今焼茶碗（樂茶碗）のみに見られる制作技法であった。

　腰や胴部にやわらかな丸みをたたえ、口部はわずかに内に抱え込まれ、すぼまっている。いわゆる樂茶碗の基本型。掌にすっぽりとおさまる樂茶碗独特の姿は、手と土の素朴な語らい、手捏ね制作から必然的に導かれた形。そこにはまさに手の姿が映し込まれている。

　手の姿、それにはものを力強くつかみ握り取る姿と同時に、もう一つ、優しく掬《すく》い取り、包み込む手の姿がある。特に日本の美術は、手の表現に少なからぬ思いを託してきた。優しく衆生を救う弥勒《みろく》の手、それはまさに内に向かって掬い取る手の姿。それに対して忿怒《ふんぬ》の相をとる金剛神の手は、渾身の力を込めて握り、また反り返る。

　ロクロ制作が、ロクロの回転する遠心力にそって外へ広がる開放的な器形を特色とするのに対して、樂茶碗の手捏ね制作は、内に向かって抱え込むように形を結んでいる。ロクロの外へ向かう動きとは対照的、外から内に向かう造形。当然口部は内側に抱え込まれ、見込には内包的な空間が深々と広がる。それはまた、「紐づくり」による手び練り技法でも生み出すことのできない独特の姿でもある。

　さりげなく両手を広げてみよう。やわらかな丸みをもった掌、ふんわりと膨らみ、わずかにたわむ。指先を優しく寄せ合いながら世界を掬い、心をそっと手渡す。

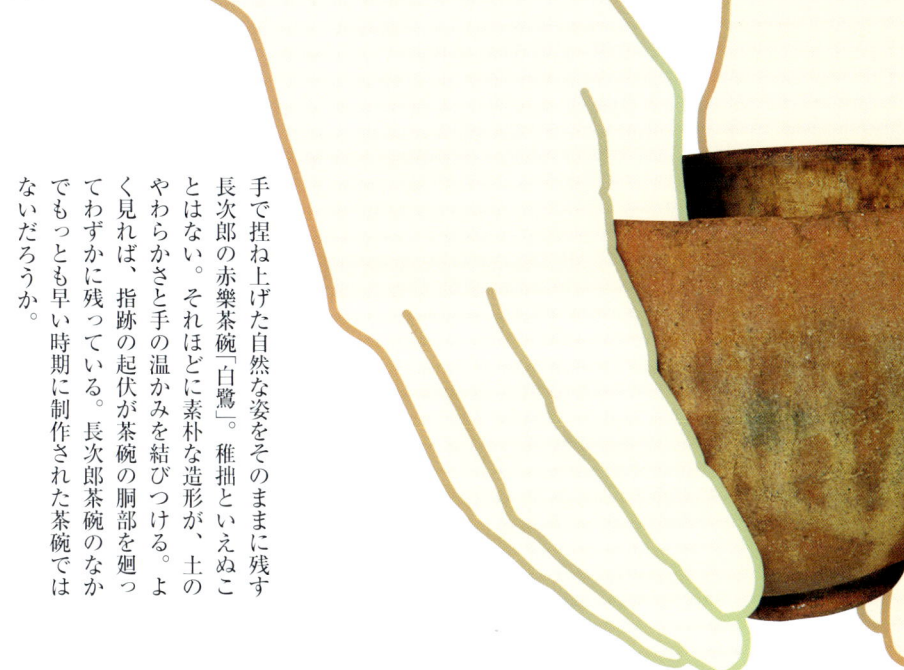

手のひらの中の宇宙
――無意識と意識の彼方に

なぜ利休は、手捏《てづく》ね技法をたずさえた長次郎に茶碗を造らせたのだろう、それが時代遅れの技法であったにもかかわらずに。

そっと差し出された手の姿、この優しさの表情の奥には、想像を絶する精神の葛藤が隠されているはずだ。人は優しさに溺れ、そこにたどりつく葛藤を見ようとしない。

樂茶碗は〈手捏ね〉と〈削り〉という二つの工程からかたちづくられる。不思議なことにそれらは正反対の意識過程を作者に強いる。

そっと抱え込むように土に添えられた手から生み出される手捏ねの茶碗原形。手捏ねの工程とは、土と手の素朴な語らいと調和。下図や、前もって練り上げられた創案に基づくのではなく、当意即妙。その時々の作者の意識は、土をねじ伏せ従わせるのではなく、むしろ土に導かれ無意識の奥底で土と結びつく。

指跡を残した分厚い茶碗の原形は、数日室《むろ》の中で乾かされたあと、削り込まれる。

ロクロの回転によって瞬時に決まるヘラ削りではなく、一ヘラ一ヘラじっくりと時間をかけて削られる。それはきわめて意識的な時間、作者の造形意識が作為的に形を彫り、探っていく。自然性《じねんせい》を宿した茶碗の原形は、ここで一ヘラごとに作為の洗礼を受ける。ときにはむき出された自己意識の、思いがけない暴走に呑み込まれてしまう危険性にさらされる。わざとらしい！　これ見よがしな！　見え見えの！　何を残し、何を削り落とすか、それは重要なことだ。手捏ねと削り、それは単に茶碗制作の過程にすぎない。しかしそこでは作為と無作為が、意識と無意識が、人為と自然が、作者のなかで烈しく葛藤を繰り返しているはずだ。

手捏ね茶碗とはまさに相反する意識宇宙、その両儀性を負って生み落とされる。

深々と口を広げる手のひらの中の宇宙。

長次郎茶碗を手にするときの戦慄は、一碗の茶碗を通して我々に突きつけられているその両儀性を生きることへの、問いかけの烈しさと深さである。

口縁から見込へ、
手のひらの中の宇宙。
意識世界の両儀性を
その底に沈めて、
暗黒のブラックホールが
口を開く。

長次郎作　黒樂茶碗「ムキ栗」
見込部分

樂茶碗の基本型とはどんな形？

樂茶碗の基本型は長次郎茶碗において完成されたといえる。では、長次郎茶碗に見られる基本型とはどのようなものだろう？

伝世する長次郎茶碗はいくつかのタイプに分けて考えることができる。長次郎茶碗には作者長次郎の署名や印はない。書付は利休の孫にあたる千宗旦《せんのそうたん》（一五七八―一六五八）によるものがもっとも古い。宗旦はこれまで伝世した黒樂茶碗と赤樂茶碗の優品に「長次郎焼」と記し、ときには好みの銘を書き添えた。利休から宗旦まで、その時代には長次郎のあとを受けた二代常慶やその父田中宗慶も活躍している。宗旦はそれらの人の制作した茶碗もふくめて「長次郎焼」と記したのである。

では、どの茶碗が長次郎自身の作品なのだろう？　それを正確に判別することは困難だが、まずは長次郎焼茶碗を形態状に分類してみよう。おおよそいくつかのタイプに分けることができる。

〔第一グループ〕腰に丸みをつけ、胴をゆるやかに張り、口部をわずかに内に抱え込む。ほとんど造形上の変化や作為は見られない。端然としたシンメトリーに近い半筒椀形《わんなり》の姿。典型作は黒樂茶碗「大黒」、赤樂茶碗「無一物」「一文字」。

〔第二グループ〕やや口径を広げ茶碗の胴部にわずかな変化をつけ、左右の対称性を意識的に崩している。口部の抱え込みもやや強く意識的。腰を低くかまえ瀬戸黒茶碗との共通性もわずかながらうかがえる。典型作は黒樂茶碗「俊寛」。

〔第三グループ〕腰をさらに低く落とし、胴部の変化がやや複雑になる。第二グループの「俊寛」よりは口径が狭く半筒形を強めている。典型作は黒樂茶碗「面影」。

〔第四グループ〕さらに胴部の変化を強め、姿に動きが感じられる。腰部を強く張り出し、胴部は逆に締めつけている。口部の抱え込みの角度も強く波打っている。高台も大振りで力強い。典型作は黒樂茶碗「不是」、赤樂茶碗「聖」。これらのグループのなかには「二代目作」と記されているものもふくまれている。

これらの典型作はそれぞれ樂茶碗の基本型として結びつき、合成されながら樂茶碗の伝統様式をかたちづくっている。

さて利休時代から宗旦まで約五〇年の時代の経過がある。ではどの茶碗あるいはどのグループを利休時代のものと考えればよいのだろう？

その答えを正確に出すことは困難だが、ここでは長次郎時代から後までつづく美濃茶碗にもっとも遠く、さらに長次郎の以前にすでに存在していた瀬戸黒茶碗の丸い椀形のタイプにもっとも近い作風を加味するもの、すなわち第一グループを利休時代の典型と考えてみたい。黒樂茶碗「大黒」、赤樂茶碗「無一物」と「一文字」、この三碗こそが、もっとも深く利休の思想を宿した長次郎茶碗だといえる。本書ではこの三碗に長次郎茶碗の典型を見ることを前提として、話をつづけてみよう。

長次郎作
赤樂茶碗「一文字」の実寸器形

なぜ赤茶碗と黒茶碗なのか?

樂焼は時代を経るにしたがって白釉や緑釉といった色釉の世界を取り込むが、樂茶碗を代表するのは、なんといっても赤樂茶碗と黒樂茶碗につきる。長次郎茶碗はもちろん、この二種類の色合いしかない。

技法上による理由から先行して制作されたのは赤樂茶碗。その後まもなく黒樂茶碗が生み出されたのだろう。天正一四年（一五八六）、はじめて茶会記にその名が登場した「宗易形ノ茶ワン」とは、黒樂茶碗「大黒」のような茶碗ではなかっただろうか。

なぜ、赤樂茶碗と黒樂茶碗なのだろう? どうして他の色の茶碗を造らなかったのだろう? まずは、黒茶碗から検証してみよう。

利休は黒色に対して格別の思いを深めていたと伝えられる。黒はすべての色のはじまりであり、その終着でもある。黒はすべての色相をその内にふくんでいる。黒茶碗が茶の緑を一層引き立たせるのもそのためだ。しかし黒に映じる緑の美しさといった見た目だけではなく、黒は哲学的な思想を象徴している。色彩とは光である。とりどりに自己主張しながら反発し、あるいは調和しつつ相対的な色相世界をかたちづくる。しかし黒は光を闇で覆う。さまざまな意識の相対性をことごとく否定する。黒とは相対世界を超えて超越的な世界の開示を思考する象徴的な色といえる。黒の負っている強い否定性と統合性。それこそまさに利休の思想そのものではないだろうか。しかし黒い色の茶碗は長次郎の黒樂茶碗以外にも他にもある。それらとどのようにちがうのだろう?

黒茶碗のなかでもっとも美しい茶碗、中国南宋時代の曜変天目《ようへんてんもく》。硬質な黒釉の美しさ、広がり輝く銀河宇宙。これは最高の気品と美を得た黒という色彩だ。また瀬戸黒茶碗の男らしくきっぱりとした強い黒の世界もある。瀬戸黒の黒は強さ、剛なる存在の象徴である。

長次郎作　黒樂茶碗「大黒」の釉膚

長次郎作　赤樂茶碗「無一物」の釉膚

長次郎の黒はどうか？

黒ともいえぬ黒、泥のような茶色をふくみ、さまざまな異色も底に沈んでいる。黒なのかさえ不確かだ。長次郎の黒の世界、それは黒がみずから己を呑み込んでしまった闇。黒がみずからの色相である属性を自己否定し、放下したさらなる黒。どこまでも暗黒の内部に向かって相対するすべてを飲み込む。しかもその暗黒の彼方に相対する世界を超えて合一する超越世界の存在を黒は暗示している。

　長次郎茶碗の黒い静寂は、けっして我々をいやしの世界へ導こうとはしない。その闇は我々の存在の奥底へ向かってぽっかりと口を開けるブラックホールの恐ろしさだ。

「玄の又玄　衆妙の門」――老子は根源に「玄」すなわち黒をおく。長次郎の黒茶碗は色相がその美しさを超えて思想として、まさに理念と化した黒である。

　では、赤樂茶碗の赤色とは何を意味するものだろう？

　赤色には黒茶碗ほどの理念性をふくみえない。しかし我々は長次郎の赤樂茶碗について、あまりにも「赤色」という色相にこだわりすぎてはいないだろうか。長次郎の赤樂茶碗の色は、日本の伝統のなかにあるハレの色、鮮やかな丹の色、あの「赤色」とは大きく異なっている。むしろそれは褐色がかった土の肌色。その粗末な、脆《もろ》ささえふくんだ無防備な土の肌合い、誇示し主張するべき何ものをももたない土の表情。長次郎の赤茶碗とは、艶やかな色相の王者たる「赤色」の表情ではなく、さまざまな色と映る世情の世界を拒否し、何ものも誇示せぬ麁相《そそう》な土の復権ではないだろうか。土はすべてを受け入れすべてを再生させる。

　そして一見異なる長次郎の黒樂茶碗と赤樂茶碗、その理念と化した思想と土の実質、象徴性と具体性はどこかで深く一体となって結びついている。そうした長次郎茶碗に、どうして他の色がありえるだろうか。

なぜ長次郎の茶碗は小さいのか？

そもそも茶碗の寸法とはどれぐらいなのだろう？　掌におさまる寸法、片手で持てる大きさ…。決められた寸法はないが、それを越えれば茶碗ではなく鉢になるだろう。

さて樂茶碗の寸法はどうだろう？　樂茶碗は他の茶碗にくらべて相対的に小振りである。総じて、掌の中にすっぽりと慎ましやかにおさまる大きさ。それはロクロを使用せず、両手のひらの中で包み込むようにかたちづくられる手捏《てづく》ね成形から、必然的に導かれる大きさといえる。つまり、樂茶碗の寸法の基本は、添えられた両手の掌の大きさを出ることは決してない。もちろん作者によって、また時代によって、茶碗の寸法は微妙に変化する。三代道入の茶碗は比較的大きく、五代宗入は小振り、七代長入は大振り、九代了入以降は再び小振となり、戦後、十四代覚入で大振りとなるなど、時代を追って緩やかな曲線を描く。そのなかで、初代長次郎の茶碗はもっとも小振りな寸法をとっている。長次郎茶碗を手にした人は、その小ささに意外な思いを抱くにちがいない。

長次郎茶碗「大黒」
長次郎茶碗のなかでも大振りな茶碗

志野茶碗「卯の花墻」
志野茶碗のなかでは小振りな寸法、「大黒」と比較してみよう

志野茶碗「羽衣」　個人蔵
大振りな志野茶碗のなかで最大級の大きさをもつ

■各写真は実寸の約40パーセント縮小

長次郎と同時代、桃山時代は瀬戸黒や志野茶碗をはじめ、総じて大振りを特色とする。大きく豪快な姿はまさに桃山という時代の気分を反映している。もちろん寸法とは相対的なもの、用途により、置かれる空間により、また作者の気分によっても左右される。志野茶碗のなかでも「羽衣」は特に大きな茶碗であるが、「卯の花墻《うのはながき》」は比較的小振りである。しかし、長次郎茶碗の小振りな寸法の不思議さは、まるである小ささの中に閉じ込められたように定まっている。大きい茶碗も造れば時には小さなものも制作するというのが一般だが、長次郎茶碗は一定の小ささを出ることはない。これは本来相対的である寸法の世界を逸脱して、何か強い意

志に支配されているように思われる。その意志とは何か。それは利休の意志をおいて他にはあるまい。利休の侘《わび》の意識。小さく慎ましやかであろうとする心の寸法。その小ささへ向かう意識のなかで、長次郎茶碗は茶碗として取りうる極限的な小ささを確保している。まさに侘びるという心の有り様が小ささを志向する寸法。茶碗の大きさが思想的な意味をになっている凄みは長次郎茶碗をおいて他にはない。

なぜ樂茶碗はやわらかいのか?

取っ手のついたコーヒーカップ、熱い湯を入れることを目的として考案されたコーヒーカップの取っ手、しかしその便利さと合理性は、カップから人を冷たく遠ざける。

取っ手のない茶の湯の茶碗は両手の中に包まれるようにして人から人へと手渡される。茶の湯にとって茶碗を両手で抱えて持つことは、重要なしぐさ、心入れである。手のひらいっぱいに感じられる焼物の肌合い。ざらざらしていたり、滑らかでやわらかかったり、その肌触りが心地よかったり。

茶碗一つ一つの肌合いには土の個性が強く感じられる。茶の湯にかぎらず日本文化は触覚的な感覚を体質としてきた。樂焼ばかりではない。樂焼よりはるかに硬く焼き締まった備前焼や信楽《しがらき》焼を思い浮かべてほしい。水にうるおい水滴を表面にたたえた土肌の美しさは、我々の心を打ってやまない。ましてややわらかな土質の樂茶碗。十分に水を吸ってしっとりとうるおいをもつ。特に赤樂茶碗はやわらかく、水を吸うと生き返るように赤色を深める。土と水の出会い。そのしっとりしたおしめりが心地よく美しい。

また、やわらかい質の陶器は点《た》てられた茶の熱さを吸収してやわらかく手に伝える。そのほのかな温かみは人から人へ伝える心の温かみと重なっている。あらかじめゆっくりと茶碗を温めておけば、やわらかい土質はその温かさを保存する。一碗の茶を数人で飲みまわす濃茶、やわらかな土質は末客にまで茶の温かさを保つ。やわらかさはまさに茶の湯の用を兼ねたたいせつな美学である。

樂茶碗を かたちづくる 制作上の 三つの特色

厚く円形に延ばされた土。

添えられた手が周囲からゆっくりと徐々に土を締め上げていく。

微妙な手の動きは、茶碗を持って茶を飲むときの手の形が基本。

延ばされた土が立ち上がり、やがて手の中に自然におさまったとき、茶碗の原形ができあがる。

《手捏ね》

樂茶碗は手捏《てづく》ね（手び練り）でかたちづくられる。量産をめざす陶芸技術の発展史のなかでは、効率の悪い手び練りはやがて時代遅れの技法となり、焼物の表舞台からほとんど姿を消していった。すでにロクロ制作が全盛の桃山時代、長次郎はあえて手捏ねで茶碗を制作する。長次郎がロクロの技術をもたなかったからだろうか。はじめ長次郎は、陶工ではなく装飾瓦の制作にあたる工人であったという伝承も気にかかる。利休が長次郎に茶碗を造らせようと考えた、その大きな理由と手捏ね技法とは、どうやら関わりがありそうだ。

手捏ね造形の魅力。つまり利休は、長次郎の手捏ね技法でしか創り出すことができない造形の意味を認めたのではないだろうか。ロクロとは均一な造形と量産の可能性を増大させる。しかし手び練りはロクロという道具の制約から逃れた造形、より直接的で自由な表現を可能にする。手び練り制作は、縄文時代にまでさかのぼる焼物制作のもっとも基本的な制作方法だ。その代表的な方法は「紐づくり」「輪積み法」と呼ばれ、底部から上に向かって紐状に縒《よ》り上げた土を巻き上げ、積み上げていく。縄文式土器もこの方法で制作された。しかし樂茶碗はこの「紐づくり」をおこなわない。

長次郎の手び練り技法を、ここであえて「手捏ね」という聞き慣れない言葉をもちいて語るのも、その技法が、そうした一般の手び練りとは異なるものであるからで、それはおそらく長次郎が独自にあみ出した技法だったのだろう。

その独特の技法とは、まず土を円形に厚く平らに延ばし、板の上で両手で周囲を締め上げるように徐々に内側に向けて立ち上げていく。平らに延ばされた土は抱え込むように締め上げられ、手の中で茶碗の姿に整えられていく。現在も樂家ではこの方法をもちいて造っている。

じっくりとした時間の経過のなかで意識的な手の動きに導かれ茶碗の全体像が姿を見せはじめる。

高台を削り出す。
ためらいは許されない。一息の呼吸。

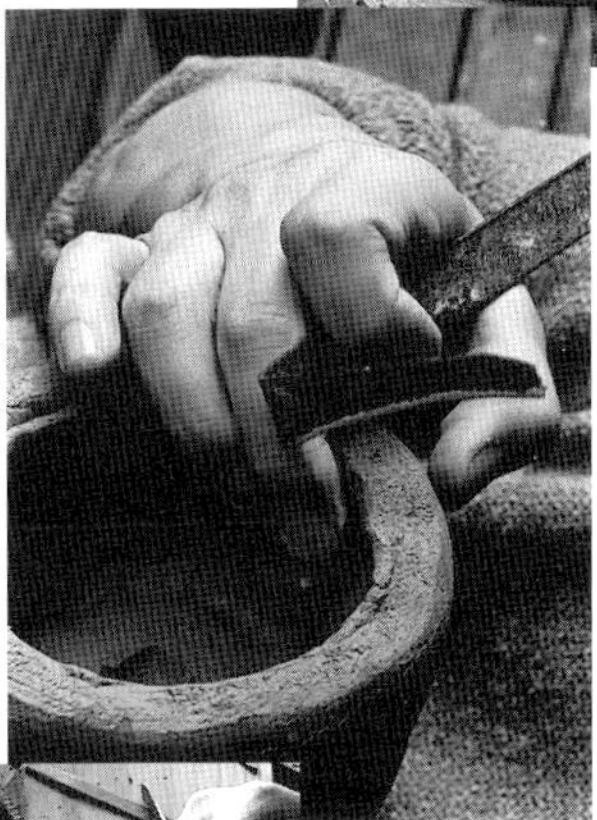

見込を削り込む。
見込までヘラで削り込むのは樂茶碗だけ。

外の形と内の形の出会い。
口造りを経て最終的な形を決定する。

《削り》

そっと包み込むように手の中でかたちづくられた手捏ね茶碗。しかしそれはまだ分厚くて重く、茶碗としての部分をもたない。それに高台や口造り、見込の部分に的確な造形があたえられるのは数日後、やや乾かして後におこなうヘラ削りの工程を経なければならない。分厚い手捏ね茶碗の原形は室《むろ》の中に数日置かれた後、ヘラで一削り一削り時間をかけてかたちづくられていく。ロクロによるヘラ削りが瞬時に決まる動きであるのとは対極的、長い時間の経過を必要とする。

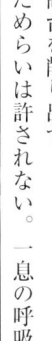

《内窯焼成》

量産をめざして開発された大窯《おおがま》や登窯《のぼりがま》など、屋外の傾斜地に築かれた大きな窯とは対極的。樂茶碗は屋内の小規模な窯で焼き上げられる。窯の中心部に鞘《さや》の役目をはたす内窯《うちがま》を内蔵した二重構造。その内窯を取り巻くように炎がほとばしる。内窯の中におさめられる黒樂茶碗はたった一碗。黒樂茶碗は一碗ずつ焼き上げられる。赤樂茶碗は三〜四碗ずつ。赤樂窯の構造は黒樂茶碗の窯よりも少し大きい。現在樂家の窯場には、この赤樂用の窯と、黒樂用の窯のほかに、樂大窯と呼ぶ窯の合計三種の窯が築かれている。大窯といっても内径一メートルほどにすぎない窯は、登窯とは比較にならない小さな規模だ。この窯のルーツは意外に古い。おそらくこの窯が樂焼のルーツにもっとも近いと考えられる。向付や皿など数を必要とする作品に用いられてきた。

いずれにしても樂茶碗は徹底した一品制作、生産性をもとめた登窯とは対極的な世界。茶の湯は一期一会《いちごいちえ》、すべての出会いの根本を貫通する一度かぎりの出会いの深さと貴さをたいせつにしてきた。樂茶碗の一品制ははまさに茶の湯の茶碗であることを物語っている。

長次郎がこの内窯を使ってどのような状態で焼いていたのか、我々は体験するわけにいかない。現在の樂家の窯は、天明七年(一七八七)の大火の後に築かれたものだが、その形体は、長次郎時代と変わっていないと考えられる。赤樂、黒樂では窯の構造もちがえば、それぞれ焼成温度も異なる(「樂大窯」の焼成は赤樂窯に属している)。樂家の黒窯は窯脇からフイゴで窯内部に風を送り燃焼させる。燃料には備長炭が使用される。焼成温度はおそらく一二〇〇度に達する高温焼成。温度計などの計器は今でも使用されないが、内窯の底に灰のとけた自然釉(ビードロ状の釉)のべっとりと溜まった状態が温度の高さを実証している。しかし焼成時間は短いため、土質は焼き締らず軟陶質を保っている。もちろん長次郎時代は、ここまで高温ではなかっただろう。一方、赤窯は、窯の規模がわずかに大きくなっているが、そのことよりもフイゴを使用しないことが重要だ。フイゴを使わない赤窯は、いわゆる低火度焼成の焼物に属する。

樂焼を辞書で引けば、低火度で焼かれる軟陶質陶器と記載されているだろう。この定義づけは、低火度釉をもちいた焼物をすべてを「樂焼」と称してしまう誤りを生んだ。土産物屋の片隅で簡単に絵つけを楽しむ「らくやき」の名称も、その定義づけが生んだ誤りである。「低火度で焼かれるやわらかい焼物」。しかし黒樂が高温で焼かれている以上、樂焼を規定するには、この説明だけでは十分ではない。

樂家の内窯

長次郎茶碗の独創性

彩釉獅子像にみる造形

再び桃山という時代を見つめてみよう。明るく大胆に己を主張し自己を表現した桃山の造形世界。一作一作異なる個性と具体性に裏づけられて、動き、ゆがみ、変化する造形。

「天正二年春」桃山時代の早春、天空に向かって吠え挑む一匹の獅子。長次郎の彩釉獅子像はまさに桃山造形のさきがけをつとめる。腹部には「天正二年春　長次良寵命　造之」と力強い釘彫りがある。長次郎の作品のなかでは唯一、作者自身によって銘が刻まれたものである。

身体をS字状に大きくねじり、獅子の力動感が力強く表現されている。その烈しい動きにそって、機敏な筋肉の量感が的確に加えられている。四肢を踏んばり大空を見すえ、今にも吠えかからんばかりの姿。全身を被う巻き毛は尻尾にいたって炎のように天空に吹き上げ、獅子の生命感とリアリティーをいやがうえにも増幅させる。その荒々しい生命の造形は、どこか縄文の火焔土器の装飾を連想させる。

おそらくは時の権力者からの注文であろうが、誰の注文によって何のために制作されたものか、それを語る資料はない。屋根を飾る装飾瓦(留蓋瓦)として制作されたと考えられているが、この像が直接屋根の上にのせられるとは考えられない。むしろ桃山時代の彫刻作品と考えるべきではないだろうか。その荒々しい力強い土づけ、生き生きとした造形がそれを物語っている。技法は中国から当時将来された華南三彩《かなんさんさい》の技法を直接受けつぐ。現時点では、華南三彩の影響を受けた最も古い年紀銘をもつ和物彩釉陶となる。胎土は聚楽赤土、緑釉と透明釉からなる二彩釉の下には白化粧が施され、その化粧土は彫銘の中にも入り込んでいる。紛れもない天正二年の作、だが当時の焼物作品としては他に類例を見ない〔注1〕。

しかしここに同時代の作品として共通した趣をもつ作品がある。狩野永徳〔注2〕の代表作「唐獅子図屏風」(7頁参照)である。特に、身をよじらせた獅子の動性、吹き上げる巻毛、踏んばった前足、そして何よりも生き生きとした力強い描写力。永徳と長次郎の獅子像との関わりを見る資料はないが、そこには同時代性と言うべき勇壮なリアリティーがうかがえるだろう。

長次郎の獅子像は桃山という時代のはじまりを告げる申し子のように、風を孕《はら》んで雄叫びを上げている。

さて、ここで長次郎の赤樂茶碗「無一物」(40頁参照)と獅子像を見くらべてみよう。

これほど対極的な造形があるだろうか。同じ作者が制作したものとは思いもつかない。動き、ゆがみ、変化する獅子の造形、きわめて具体性に充ち、現実感をともなない個性を烈しく主張する。しかし同じ作者、長次郎の茶碗の世界はどうだろう。静けさをたたえた長次郎茶碗。獅子に見るあの烈しい桃山の表現はどこに行ってしまったのだろう。まさにみごとに、獅子像をかたちづくっているさまざまな特色、動き、ゆがみ、変化する造形が、茶碗では完璧なまでに削ぎ落とされ捨象されている。造形ばかりではない。そこには作者の個性、意識さえ完璧に消し去られている。

造形の両極を窮める世界。動と静、意識と非意識。個性と非個性。対峙する二つの極の距離は想像もつかないくらいに隔たっている。そのあまりにも遠い隔たりの転換点にこそ、長次郎の作陶に深い影響をあたえた千利休の存在、その思想が介在しているはずだ。

〔注1〕獅子に関する最新の研究　『瀬戸市埋蔵文化センター　研究紀要　第13輯』「長次郎作　彩釉獅子」楢崎彰一著　瀬戸市文化振興財団 2006発行　参照

〔注2〕天正二年、信長は永徳筆の「洛中洛外屏風」「源氏物語図屏風」を上杉謙信に贈っている。その二年後には安土城の建築がはじまり、永徳は壮大な障壁画を描く。

長次郎作　彩釉獅子像の部分

桃山という時代の感性を一身に背負って、時代を体現し自由で個性に充ちた橋上の演劇をみごとに演じきったのは、美濃地方を筆頭とする国焼《くにやき》陶の流れであった。

美濃の黄瀬戸、瀬戸黒、志野、あるいは信楽《しがらき》や伊賀、そして備前。それらは地域的な隔たりがあるにもかかわらず、それぞれに独自な造形を競いながら、桃山という時代の風を孕《はら》ませ、一群の大きな流れとなって駆けぬけ、やがて織部スタイルへと行き着く。桃山陶はそこで一応の終止符を打つ〔注〕。

大きくねじれ変形した個性的な造形美。ひび割れ、焼けただれ、自然釉が荒々しく降りそそぐ。激しく地肌を見せる伊賀。数条のみずみずしいビードロ釉が流れている。あるいは白雪のようにやわらかな白釉。ほんのりと浮かび上がる生き生きとした志野の線描。偶然性すら取り込んで自然の力と人為が一体となって器物をかたちづくる。動きゆがみ変化する造形、きわめて具体性に充ちた現実感が個性を烈しく揺さぶっている。その自然性を帯びた野太い勇壮な表現に、桃山の陶工はみずからの生を重ね、表現する喜びを感じたにちがいない。それはまさに桃山造形のさきがけとなる長次郎の獅子と通じ合う。

しかし、長次郎茶碗はそこにはいない。

長次郎が獅子像の制作から茶碗の制作へと移行した想像を絶する飛翔と転換に重なるように、長次郎茶碗は、桃山時代の寵児である国焼陶の特色、その造形要素をことごとく否定し、消し去っている。長次郎茶碗はまさに桃山という時代すら否定し、超えようとしているかのように。

美濃茶碗
との比較を通して

〔注〕近年の考古学の研究調査で、典型的な桃山様式を色濃くあらわす瀬戸黒や志野茶碗が、長次郎よりわずかに時代が下がる慶長年間(一五九六―一六一五)と考えられている。したがって長次郎茶碗がそうした桃山国焼茶碗の否定のうえに成立したとはいえないが、しかしそうした国焼陶の造形を生み出す時代としての感性総体は、天正二年(一五七四)銘の長次郎作「獅子像留蓋瓦」に見られるように、すでに時代のなかではじまっていたはずだ。

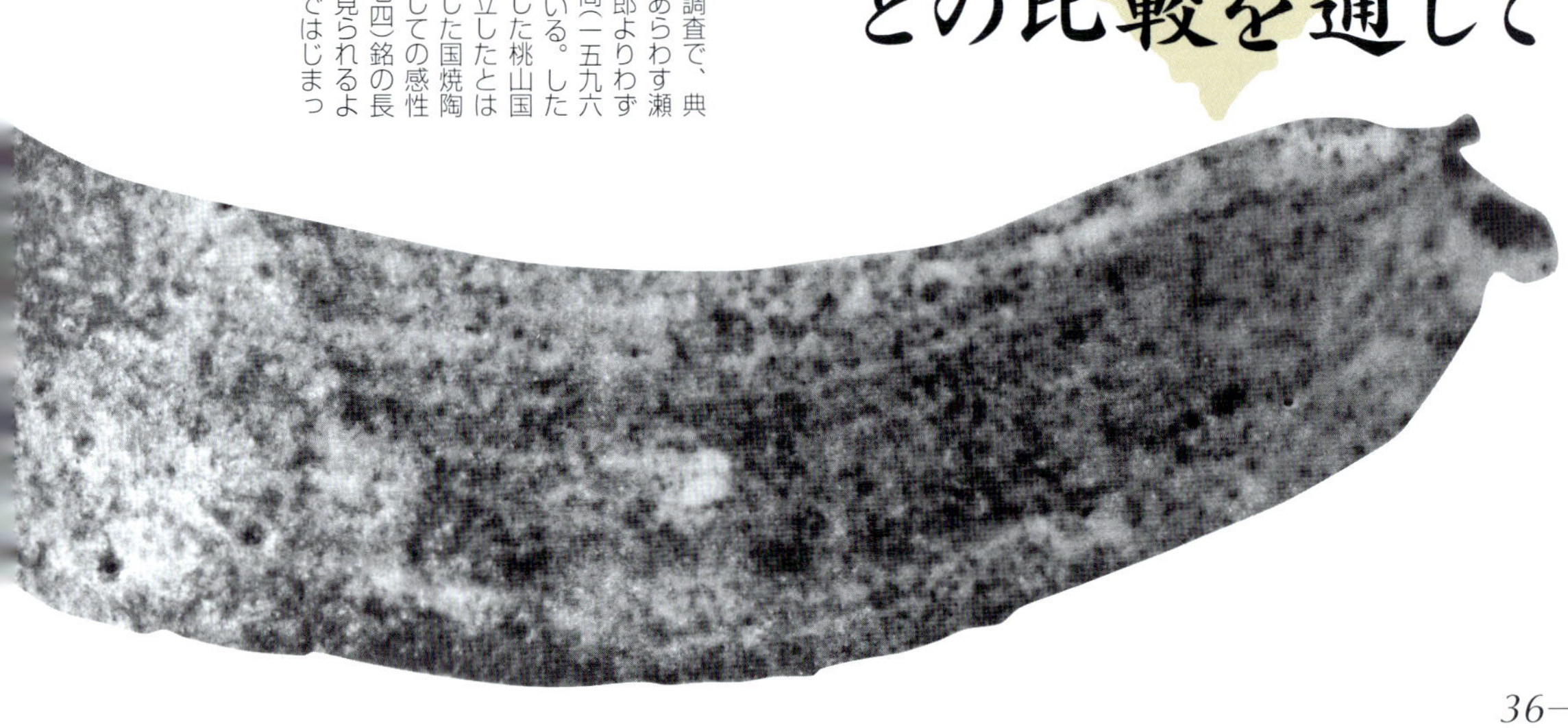

志野茶碗「卯花墻」 国宝
三井記念美術館蔵
高さ９・８cm
口径１１・６cm
高台径６・２cm

瀬戸黒茶碗「小原女」 個人蔵
高さ８・７cm
口径１３・３cm
高台径５・８cm

志野茶碗「老の友」 個人蔵
高さ８・８cm
口径１３・７cm
高台径６・０cm

長次郎作　黒樂茶碗「大黒」

同じ黒釉の茶碗として、瀬戸黒茶碗と長次郎の黒樂茶碗を隔てる距離の遠さは驚くばかりだ。時代と呼応し、時代の感性を孕《はら》んで生み出され、同時にその時代をかたちづくり決定する、それは時代と創造の基本的な関わりだ。そのなかで工芸はまさに時代の同伴者。時代の気分をあらわし、時代を色づけ、時代とともに歩む。桃山における瀬戸黒茶碗も、我々の時代のプラスティックの器も、同じく時代の同伴者としての工芸に変わりない。同伴者はけっして時代の価値の根本を傷つけたりはしない。しかし同伴者である一方で、創造という行為は、時代におさまらない宿命をもっている。強烈に時代を読み取り、我と世界を相対化し、時代の価値構造にいどみ、切りつけ、その時代性そのものを超えようとする意識こそ、まぎれもない創造行為であるはずだ。

宗易形《そうえきがた》（利休形）としての長次郎の今焼茶碗は、まさに時代そのものを超えようとする利休の野心的な試み、その前衛性を負っている。

長次郎自身の作陶のなか、獅子像と茶碗の対極的な距離の転換点において、あるいは桃山の気分を色濃く宿す国焼陶の流れから一人はずれる宗易形長次郎茶碗の国焼茶碗との差異の唯中、それこそが利休の選び取った己の存在する場である。常に収斂《しゅうれん》に向かう時代の価値づけの流れに一撃の刃を斬りつけること。表現者利休の位置がそこに見えてくるはずである。

利休は秀吉につかえ権力の中枢まじかにあって、一方で価値と権威づけに荷担しつつ、同時にそれを否定し去ろうとする。荷担と否定。社会的存在としての人間の在り様をラディカルに問いつづけた茶の湯者利休という男、それはまさに表現者と呼ぶにふさわしい。中世から近世へ、流動する世界に、秀吉は価値と権威の世界構造を再び創出しようとする。たぐり寄せるその網の目から、利休一人がぬけ落ちていく。秀吉という権威が創出する価値構造を否定して、同時に己を否定する。

秀吉のまじかに身を置かなければ、利休の茶はこれほどの創造性をもちえなかっただろう。属する世界と自己を同時に相対化すること。そして消し去ること。長次郎の宗易形今焼茶碗が抱える深々とした宇宙、はてしないブラックホールには密かに隠された異端の臭いがする。

秀吉から死を命じられた利休。みずから選び取った死。長次郎茶碗は利休の死を背負っている。

前衛と異端の 利休形

長次郎十作

赤樂茶碗「無一物《むいちもつ》」
重要文化財
頴川美術館蔵
内箱蓋表　仙叟書付「無一物　宗室（花押）」
外箱蓋表　松平不昧書付「無一物　赤茶垸」
高さ8・6cm　口径11・2cm　高台径4・8cm
千利休―清水藤太郎―松平不昧伝来

赤樂茶碗「一文字《いちもんじ》」

個人蔵

内箱蓋表　古筆了佐書付「利休居士一文字判形有之（印）茶碗　千宗旦ヨリ来ル」

外箱蓋表　仙叟書付「長次郎焼　赤茶碗」

外箱蓋裏　随流斎、真伯宗守書付「利休所持　長次郎焼　赤茶碗　一文字判有

不審菴（花押）宗守（花押）」

高さ8・0cm　口径11・4cm　高台径4・9cm

千利休―千宗旦―真伯宗守―佐波五兵衛―山田彦左衛門―戸田露吟―

井上世外―益田鈍翁伝来

赤樂茶碗「太郎坊《たろうぼう》」

重要文化財

今日庵蔵

内箱蓋表　千宗旦書付「長次郎赤茶碗　宗旦（花押）」

内箱蓋裏　仙叟書付「利休持分赤茶碗　則箱ノ上書付宗旦名判有之　宗旦所持常

秘蔵申候故　重而書付調申候　宗室（花押）」

藤村庸軒書付「太郎坊」

高さ8・1cm　口径10・6cm　高台径4・7cm

千利休―千宗旦―太郎坊―宗旦―藤村庸軒―仙叟―鴻池道億伝来

赤筒樂茶碗「白鷺《しらさぎ》」
今日庵蔵
内箱蓋表　仙叟書付「白鷺　長次郎焼」
内箱蓋裏　仙叟書付「面白やうつりかわるも身にそめは
鳥の羽音の立につけても　宗室（花押）」
高さ８・９㎝　口径９・９㎝　高台径４・９㎝
伊予久松家伝来

赤樂茶碗「道成寺《どうじょうじ》」
個人蔵
内箱蓋裏　千宗旦書付「道成寺　咄々斎（花押）」
外箱蓋裏　覚々斎書付「長次郎焼　赤茶碗　宗旦銘　道成寺　左（花押）
鐘の音のそれにハあらて道成寺　これそ茶わんの名にそ聞ゆる」
高さ８・９㎝　口径１４・０㎝　高台径６・０㎝

黒樂茶碗「ムキ栗《むきぐり》」

重要文化財　文化庁蔵

内箱蓋裏　啐啄斎書付「長次郎黒四方茶わん　覚々銘　ムキ栗

添状トモ　（花押）」

高さ8・5cm　口径12・5cm　高台径4・9cm

南ゆうかい老―後藤三郎衛門―後藤宗伴―平瀬家伝来

黒樂茶碗「大黒《おおぐろ》」
重要文化財
個人蔵
内箱蓋裏　江岑宗左書付「大クロ　利休所持　少庵伝
宗旦　後藤少斎ヨリ　宗左へ来（花押）」
外箱蓋表　随流斎書付「利休大くろ茶碗」
高さ８・５㎝　口径１１・５㎝　高台径４・７㎝
千利休—千少庵—千宗旦—後藤少斎—江岑宗左—
三井浄貞—鴻池家伝来

黒樂茶碗「禿《かむろ》」
不審菴蔵
内箱蓋表　山田宗徧書付「長次良焼　黒茶垸　加ぶろ」
内箱蓋裏　啐啄斎書付「利休所持　禿　休翁（花押）」
高さ9・0㎝　口径9・6㎝　高台径5・3㎝
千利休―山田宗徧―坂本周斎―不審菴伝来

黒樂茶碗「面影《おもかげ》」
樂美術館蔵
内箱蓋表　山田宗徧書付「面影」
内箱蓋裏　石川自安書付「入立ト打物ニ存候　黒茶碗也
細三ノ所持之　鉢ひらきニよく似候由也」
高さ8・1㎝　口径9・9㎝　高台径5・2㎝
石川自安―樂家伝来

黒樂茶碗「俊寛《しゅんかん》」
重要文化財
三井記念美術館蔵
内箱蓋表貼紙墨書　伝利休書付「俊寛」
　千宗旦書付「長二郎　黒茶碗」
内箱蓋裏　仙叟書付「利休めハ道具ニツ　持にケリ一ツシリスリ
一ツ足スリ　茶碗名利休筆　長次郎茶碗宗旦筆　宗室（花押）」
高さ8・1cm　口径10・7cm　高台径4・9cm
千利休―室町三井家伝来

Ⅱ章　樂焼のルーツを探る

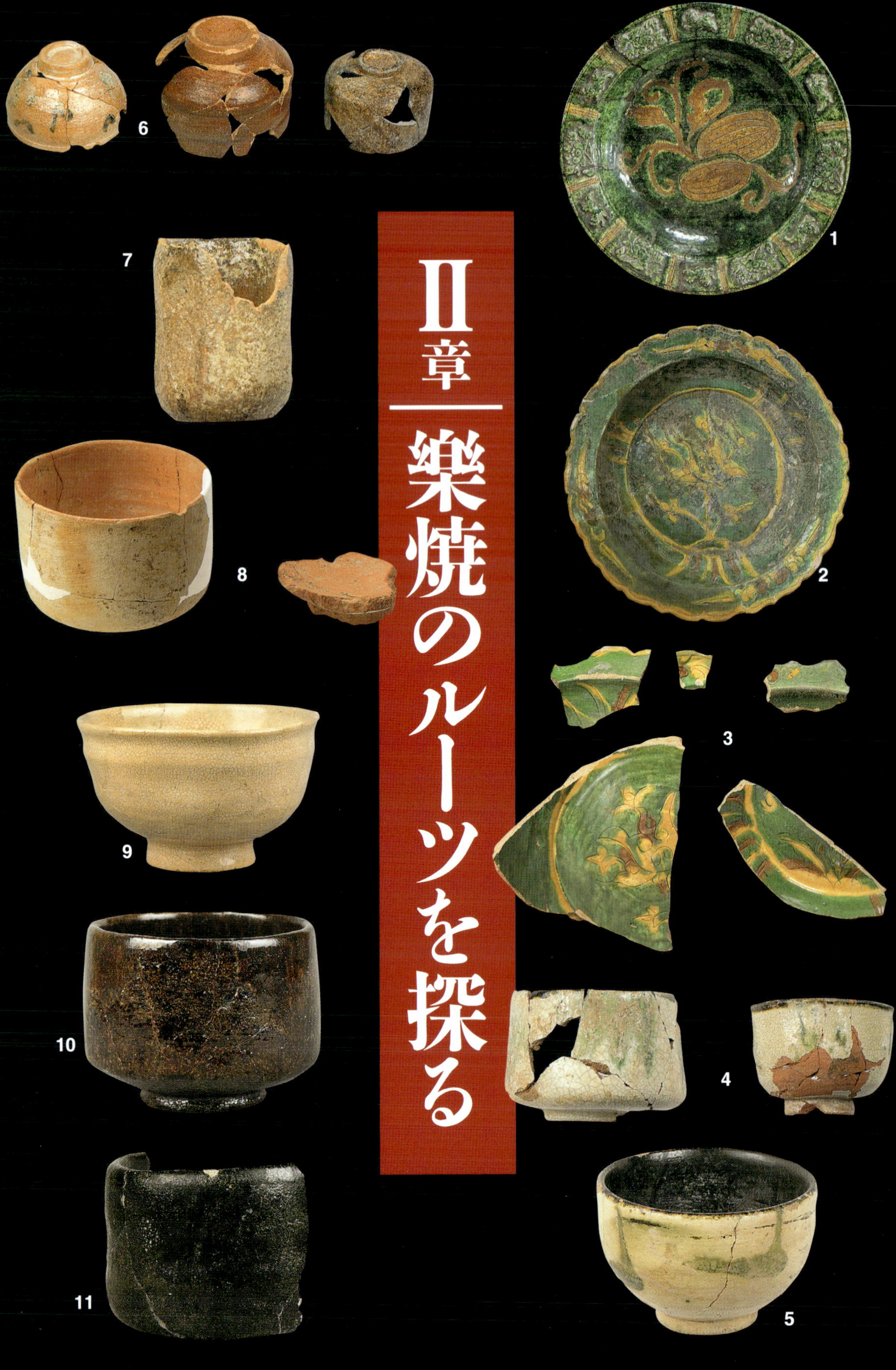

1 長次郎作　三彩瓜文平鉢　東京国立博物館蔵
2 三彩平盤　発掘品（京都市上京区下立売通新町西入藪ノ内町）　京都府埋蔵文化財調査研究センター蔵
3 三彩平鉢　発掘品（左＝京都市下京区六条上る北町・右＝中京区室町通三条下る烏帽子町）
4 軟陶碗　発掘品（京都市上京区一条通室町西入東日野殿町）
5 軟陶碗　発掘品（京都市中京区烏丸通二条下る秋野之町）
6 軟陶碗　発掘品（京都市上京区室町通椹木下る大門町）
7 軟陶筒向付　発掘品（京都市中京区三条通麩屋町東入弁慶石町）
8 素焼碗　発掘品（京都市中京区三条通麩屋町東入弁慶石町）
9 白釉軟陶碗　発掘品（京都市上京区小川通出水上る丁字風呂町／茶屋四郎次郎邸跡）
10 黒釉軟陶碗　発掘品（京都市中京区烏丸通丸太町下る大倉町）
11 黒茶碗　発掘品（京都市中京区烏丸通三条上る場之町）

＊特に記載のないものは、京都市埋蔵文化財研究所蔵

〔注〕華南三彩とは、器胎に緑・黄・褐色・紫・青などの色釉をかけた中国南部の焼物。交趾焼などもその範疇にふくまれる。一二世紀には福建省の磁竈（じそう）があり、他に一七世紀の田坑窯が近年あきらかになった。

ルーツは中国・明時代の三彩陶

日本の陶芸は大陸との深い関わりのなか、その模倣をおこなうことで発展してきた。そのなかで桃山時代の陶芸は、模倣ではない日本独自な足跡を日本の陶芸史上に力強く残した。とはいえ美濃《みの》地方の黄瀬戸《きせと》や瀬戸黒《せとぐろ》が、中国陶磁の天目《てんもく》を主とした黒釉陶や青磁の技法から導かれたことはいうまでもない。より鮮明に日本独自な生まれをもつ樂焼においても、その技術のルーツは、やはり遠く中国に行き着くはずである。

近年の中国と日本における発掘調査をふまえ、樂焼のルーツは中国・明時代の華南三彩《かなんさんさい》（素三彩）〔注〕陶であることがほぼ確かめられた。

華南三彩は低火度焼成による鉄や銅を呈色材としたカラフルな軟質施釉陶である（高火度焼成の硬質な器胎に色釉が掛けられる場合もある）。この中国・明時代の華南三彩は、中世から桃山時代にかけて、中国から日本にもたらされた。一方、日本では、長次郎作とされる三彩陶「三彩瓜文平鉢」（東京国立博物館蔵）が伝世しているが、その特色と類似する中国製の華南三彩盤が日本で発掘されている。

華南三彩の焼物とともに、その技術をもつ中国の工人が日本に渡って来たと考えるのは当然のことである。信長の行状を綴《つづ》った『信長公記』によれば、安土城の瓦を焼いた工人として「唐人一観」の名が残されている。同じように、長次郎の父とされる「あめや」なる人物は、当時、中国から渡来した工人の一人であったのかもしれない。長次郎ははじめ瓦師であったという伝承がある。その伝承が正しければ、長次郎父「あめや」は「一観」と同様、大陸の最新技術すなわち華南三彩陶の技法をたずさえて来た工人＝瓦師であったのかもしれない。そのように考えれば、瓦師あめや…その子長次郎…彩釉獅子像の制作…手捏《てづく》ね茶碗と、疑問を解く道筋がつながるようにも思えてくる。

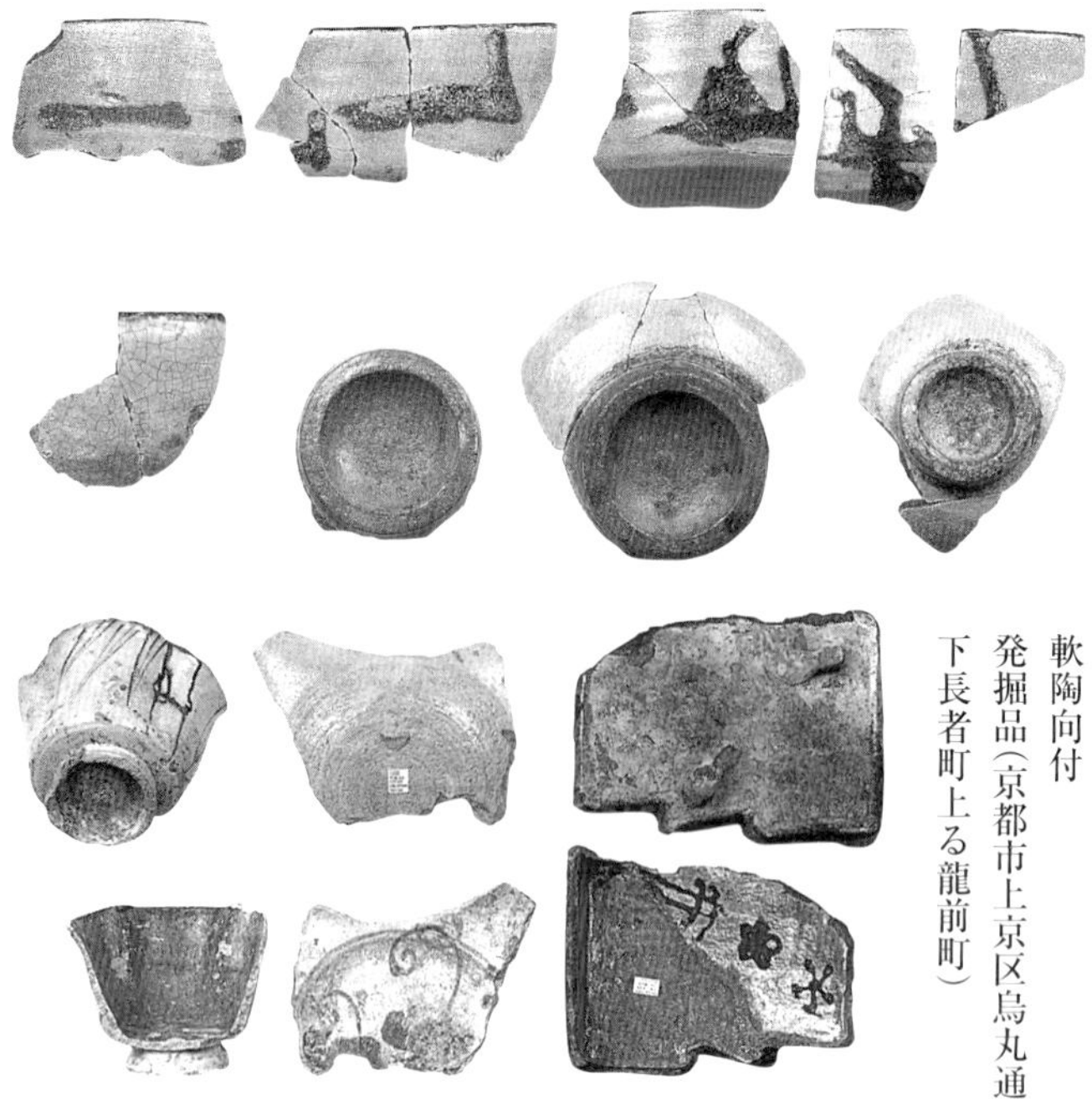

軟陶碗
発掘品（京都市伏見区京町南七丁目
伏見城城下）

写真左より
軟陶向付
発掘品（京都市中京区柳馬場
通竹屋町下る五丁目）
軟陶向付
発掘品（京都市中京区烏丸通
三条上る場之町）
軟陶向付
発掘品（京都市上京区烏丸通
下長者町上る龍前町）

陶片にうかがう樂焼の広がり――樂焼の源流、軟質施釉陶

近年の発掘調査によって京都を中心に堺、大阪など各地の桃山時代の地層から、低火度焼成による色釉陶片がかなりの量発掘された。それら日本製の三彩陶が、当時もたらされた中国・明時代の華南三彩の技術を模倣したものであることはすでに述べた通りである。それらの発掘陶片は赤土の胎土の上から白土で化粧を施し、素焼をした後に銅による緑釉、鉄による黒釉と褐釉を混在させて掛け合わせ、さらに上焼したカラフルな焼物である。おそらく七〜八〇〇度ぐらいの低火度で焼成されたのだろう、器胎は脆《もろ》くて粗雑である。腕形のものを中心に皿、香炉、さらに織部焼と共通する意匠をもつ向付も少量ながら発掘されている。器胎の粗雑さのせいか、やがてすたれ捨てられていったのだろう。伝世品はほとんどない。

さて、一時代前の樂焼研究では、樂焼すなわち長次郎窯の興りは、陶工長次郎と茶の湯者利休との劇的な出会いにおいて語られるのみであった。それはたぶんに物語的な域を出ることはなく、そのために陶芸史、技術史一般のなかに位置づけられることはなかった。桃山時代における日本製三彩陶の発掘は、樂焼の歴史研究を大きく前進させることとなり、そのルーツと広がりを確かなものにする画期的なできごととなった。

すなわち、明時代の華南三彩の技術と焼物は、桃山時代すでに日本に将来されており、それらを模倣して京都を中心にいくつかの窯が、日本製の三彩陶を焼造していたことが、ほぼあきらかとなったのである。それらの〈内窯《うちがま》〉で焼かれる三彩釉を施したカラフルな焼物は、桃山時代の人々をおおいに驚かし、魅了したにちがいない。

長次郎の窯はまさに洛中に散在する三彩陶を焼く〈内窯〉としてはじめら

黒釉軟陶碗の高台部分
発掘品(京都市中京区烏丸通丸太町下る大倉町)
正面は48頁参照。

黒茶碗
発掘品(京都市伏見区京町南七丁目伏見城城下)

れた。もちろん長次郎窯がほかの窯と同じように三彩陶を焼造していたとは考えにくいが、同じ技術を基盤として長次郎窯の出発があることは確かである。

今焼《いまやき》茶碗すなわち樂茶碗の創成は、そうした三彩陶の技術をもつ長次郎が利休と出会い、その創意をくみ取り、利休形の茶碗を焼造するところにはじまる。長次郎は茶碗の制作におよび、三彩陶の特色である鮮やかな緑釉や褐釉の施されたカラフルな装飾性を徹底的に廃して、黒釉と赤い土色を見せた二種類のモノトーンの世界に終始した。それは利休の思想を理解してのみ成立する造形世界であった。

長次郎窯以外にもあった樂焼窯
——長次郎茶碗の模倣と広がり

桃山時代の地層から発掘された陶片のなかには、日本製の三彩陶のほかにもう一つ、注目すべき破片が発見された。それは長次郎の黒茶碗と同じ黒釉の掛けられた抹茶茶碗であった。しかしそれらは伝世している長次郎茶碗の優品とはあきらかに作行・釉調が異なっている(48頁「黒茶碗」参照)。なかにはロクロ成形のあと手捏ね風にヘラを入れた、あきらかに長次郎茶碗を模倣した黒茶碗も出土している。これらが長次郎の窯で制作されたものでないことは確かであるが、では当時、すでに長次郎以外にも長次郎茶碗風な抹茶茶碗を焼造する窯が存在していたのだろうか。長次郎窯と長次郎以外の窯、その関わりをいかに解くべきだろうか。

天正一四年(一五八六)、はじめて茶会記に記載された長次郎の「宗易形ノ茶ワン」は、利休の茶碗として前衛的な独自性をもって人々の前に登場した。しかし、その驚きも覚めやらぬ天正一九年二月、利休は世を去ってしまう。「宗易形ノ茶ワン」が登場してわずか四年余の短い時間のなかで、長次郎茶碗は今焼茶碗として世の脚光を浴びた。しかしそれがどれほど広範な一般茶人たちの需要をうながしたのだろう。おそらく長次郎の今焼茶碗をもちいて利休風の茶会を催す茶人は、利休周辺のわずかな茶人と大名にかぎられていたにちがいない。

そうした情況をふまえるならば、長次郎以外の窯で今焼茶碗を多量に生産する必然はどこにもないはずである。桃山の地層から出土した黒茶碗、しかし、桃山時代は利休没後、長次郎没後もつづいている。おそらく長次郎窯以外の窯で焼かれた一群の黒茶碗は、利休や長次郎没後、文禄元年(一五九二)以降の生産であろう。そこで考慮されるべき時代の推移は以下のごとくである。

利休の茶はその前衛性と異端性ゆえに秀吉から拒絶された。しかし利休の賜死はまさに利休を茶聖化した。今日の茶道が祖を利休に仰ぐように、孤高の茶人利休の茶が人々のなかに定着し広がりをみせるのは、当然のことながら利休没後のことであろう。利休の茶が一般化する、その流れにそって樂茶碗の需要層は急激に押し広げられたであろう。その需要層に応じて、長次郎以外の三彩陶を焼く窯も黒茶碗を生産するようになったのは自然の成り行きであろう。桃山時代の地層から発掘される、長次郎以外の窯による黒茶碗は利休・長次郎の没後における模倣とその広がりを示している。

利休形の祖形を考える
——三島桶茶碗、黄瀬戸との共通性と相違

長次郎作の黒樂茶碗「大黒」や赤樂茶碗「無一物」にうかがわれる利休形の祖形はどこにあるのだろう?腰を丸く張り、口部をわずかに内に抱える半筒形の独特のスタイルを生み出すにあたって、ヒントともなるべき作品はほかになかったのだろうか。

ロクロ制作による茶碗は、口部を外に向かって広げるスタイルが基本となる。そのなかで高麗《こうらい》茶碗で

三島茶碗「三島桶」
徳川美術館蔵
高さ9・6cm
口径10・6cm
高台径6・9cm
利休の長男道安が所持した茶碗で、利休の所持とも伝えられている。

黄瀬戸茶碗　個人蔵
高さ8・5cm
口径10・7cm
高台径4・9cm

ある三島茶碗の類のなかには半筒形で、口部が外に向かってはいない姿をしたものがある。それは中国製の茶碗や朝鮮半島の井戸茶碗などと異なり、長次郎茶碗との共通性がうかがわれる。しかし切り立った胴部や口部の趣は、長次郎茶碗からはかなり隔たった感がある。

それらのなかで特に類似性の高い尾張徳川家伝来の三島《みしま》茶碗「三島桶」を見てみよう。胴径や高さがかなり長次郎茶碗に近い。これなら長次郎茶碗「大黒」や「無一物」に形態的なヒントを与えた先達的な作品ともいうことも可能である。

そしてもう一碗、利休が所持したと伝えられる黄瀬戸茶碗がある。食器を生産することに重点をおいた黄瀬戸のなかでは異例な姿、ほかに類例はない。しかも重要なことには、この黄瀬戸茶碗は利休の師でもあった茶人北向道陳《きたむきどうちん》が所持し、さらに利休が師からその茶碗をもらって愛用したといわれている。高台の内にはそれを証するかのように利休の花押が朱漆で書き込まれている。

利休が長次郎の創作にどのような関わりをもったのか、具体的に知る手立てはないが、この黄瀬戸の茶碗を長次郎に指し示し創作のヒントをあたえたかもしれない。想像の域を出ないが、それが利休形茶碗の祖形であるといえないことはない。

しかしたとえその推論が認められるものだとしても、類型的な形状比較を通して語る創造への接近は、つねに空しさを感じるものである。以前にこの黄瀬戸茶碗と長次郎の赤樂茶碗「無一物」を同時に手に取ってじっくりと拝見したことがあるが、外面的な形の共通性は認められるものの、そこから発せられている造形の本質は、まったく異なる世界のものであった。

前章において「樂茶碗独特の姿は、手と土の素朴な語らい、手捏ね制作

長次郎作　黒樂茶碗「東陽坊」
重要文化財　個人蔵
内箱蓋表　利休書付「東陽坊」
内箱蓋裏　仙叟・文叔書付「東陽坊
黒茶碗、利休所持蓋之書付自筆　宗室
(花押)宗守(花押)」
高さ8・5cm　口径12・2cm
高台径4・7cm
利休―東陽坊―東本願寺―中井主水―武田杏仙法印―鴻池道億伝来

長次郎作　赤樂茶碗「早船」
畠山美術館蔵
千利休書状添
「此暁三人御出、きとくにて候、とかく思安候ニ色々申シ被下候而も、下調候、我等物を切候て、大墨を紹安にとらせ可申候、はや舟をハ松賀嶋殿へ参度候、又々とかく越中サマ御心へ行候ハてハいやにて候、此里を古織と御談合候て今日中に御済あるへく候、明日松殿ハ下向にて候」
高さ8・0cm　口径11・3cm
高台径4・7cm
利休―蒲生氏郷―大文字屋宗夕―桔梗屋文右衛門―矢倉九右衛門―戸田露吟―亀田是庵―藤田家―大原家―畠山即翁伝来

長次郎作　黒樂茶碗「大黒」
重要文化財　個人蔵
作品データは44頁参照

から必然的に導かれた形である。そこにはまさに手の姿が映し込まれている」と述べたが(21頁参照)、ロクロ制作である黄瀬戸茶碗との本質的な相違はまさにそこから生まれるものであろう。もし利休がこの黄瀬戸茶碗と同じような姿の茶碗を望むなら、何も手捏ね技法をたずさえた長次郎に制作を依頼しなくとも、黄瀬戸を造る美濃の陶工に直接依頼すればすむ。黒茶碗が好みなら、すでに世に生み出されている瀬戸黒茶碗を制作する陶工に器形を図示して依頼すればよい。では、なぜ長次郎に依頼したのだろう?

それは利休自身が、手捏ねによる茶碗のみが生み出すことのできる造形の本質を認め、そこに流れている考え方に思想的な意味を見い出していたからにちがいない。

長次郎七種茶碗の謎――『江岑文書』にうかがう

すでに本書では、「長次郎十作」として長次郎の茶碗を代表する作品を紹介した(40―47頁参照)。それは自分ならこの十碗こそ長次郎を語る代表作だといった、筆者自身の視線、思い入れ濃厚な十碗であった。しかしここにもうひとくくり、古くから有名な七碗の長次郎茶碗があるので、それを紹介しよう。それは「長次郎七種茶碗」あるいは「利休七種茶碗」と呼ばれ茶人の間で尊ばれてきた。それら七碗の茶碗は、利休と深い関わりをもち、それぞれに利休逸話を付与されてきたゆえに特別視されてきたといえる。

「長次郎七種茶碗」は赤樂茶碗四碗、黒樂茶碗三碗の総計七碗であるが、現在所在がわかっているものは三碗のみで、あとは所在不明あるいはすでに焼失してしまっている。

以下、「長次郎七種茶碗」を紹介しよう。

《黒樂茶碗「大黒（おおぐろ）」》個人蔵　現存
《黒樂茶碗「東陽坊（とうようぼう）」》個人蔵　現存
《黒樂茶碗「鉢開（はちひらき）」》所在不明
《赤樂茶碗「木守（きまもり）」》関東大震災で焼失
《赤樂茶碗「早船（はやふね）」》畠山記念館蔵　現存
《赤樂茶碗「臨済（りんざい）」》所在不明
《赤樂茶碗「検校（けんぎょう）」》所在不明

●長次郎七種の謎

これら七碗の茶碗はそれぞれに著名なものであるが、いつ誰がこの七碗を「長次郎七種」として編纂したのか、確かな記録はない。では、もう少し詳しくこれら七碗の茶碗を眺めてみよう。いくつかの疑問がわき上がってくる。

まずその姿に注目しょう。「大黒」「木守」をのぞき「長次郎七種」は、伝世する他の長次郎茶碗にない独特な姿をしている。「東陽坊」は口部の内側が削られ、わずかに外側に端反っている。口部をすぼませ内に向かって抱える長次郎茶碗の通例の姿からはずれた造形である。「臨済」「検校」もその姿はあきらかに口部に向かって広がっている。「早船」にいたっては意識的な作為が強く他に類型のない姿といえる。「鉢開」は後世の写しから判断するしかないが、胴部をやや締めた長次郎茶碗の様式が認められるものの、胴部を8の字のように強く締め上げた姿は異例ではなかろうか。「長次郎七種」とは異例な作例をサンプル的に集めたものだろうか？

とてもそのようには考えられない。

長次郎七種茶碗写し

長入作

樂美術館蔵

黒樂「大黒」写し

黒樂「東陽坊」写し

黒樂「鉢開」写し

判然としないままであるが、近年その手がかりとなるべき資料が発見された。それは利休の曽孫・江岑宗左《こうしんそうさ》が書き残した文書で、世に『江岑文書』と呼ばれており、つい近年まで表千家の蔵に眠っていたものである。それによれば「早舟ノ茶わん、駿河と申人才（細）工焼」「りんさい、有楽焼也」と記載されている。文中の「有楽」は信長の弟・織田有楽斎《おだうらくさい》、また「駿河」というのも人の名であろう。この文書によれば、有楽が「臨済」、駿河が「早船」の作者ということになる。今まで長次郎作と考えられてきた「長次郎七種」のうち「臨済」と「早船」の作者は長次郎ではなかったということである。それが事実ならば、作行きのちがいも納得がゆく。

しかし、もう一歩深く考えてみよう。これら七碗の茶碗が利休ゆかりの茶碗として利休存命中に制作されたものならば、長次郎の窯以外に樂茶碗を制作する窯が存在し、しかも利休との関わりをもっていたことになる。

さきに〈樂茶碗のルーツ〉として述べたように、樂焼窯の基礎となるべき三彩陶の窯が存在することから考えれば、長次郎窯以外で当時樂茶碗を焼造していた可能性は大いに考えられる。しかしこれまで述べてきたように、三彩のカラフルな焼物をモノクロームの樂茶碗に昇華させたのは、利休の関与をのぞいては考えられない。そして生み出されたのが「宗易形ノ茶ワン」すなわち「今焼茶碗」である。その初見は天正一四年（一五八六）『松屋会記』の記載である。そのとき初めて世に問われた長次郎の宗易形《そうえきがた》（利休形）の茶碗。その茶碗を人々は今焼、すなわち当世の新しい茶碗として大いに驚いたにちがいない。そこから利休が亡くなるまでのわずか四年余のきわめて短い時間に、利休は、長次郎以外の「駿河」なる人物にも茶碗制作を依頼したのだろうか。利休と長次郎は密なる意想の交流をもって今焼茶碗を生み出したにちがいない。それゆえにこそ生み出された宗易形の茶碗ではなかったか。そして何よりも、その茶碗の他におよびがたい前衛性ではなかったか。ましてや利休が今焼茶碗を長次郎に創出させる一方、時を同じくして織田有楽が、後に本阿弥光悦《ほんあみこうえつ》（一五五八―一六三七）がおこなったような自らの手遊びの茶碗造りをおこなうゆとりが四年余の短い時間にあったものだろうか、大いに疑問が残るところである。

赤樂「木守」写し

赤樂「早船」写し

赤樂「臨済」写し

赤樂「検校」写し

ここに仮説として、七碗のなかのいくつかは、利休ゆかりの茶碗という伝承から離れて、利休没後に制作されたものであるとすれば、この疑問は解消される。すなわち利休没後、利休の茶の一般化、普遍化の流れにともない、今焼茶碗の需要が広がり、それまで三彩陶を焼造してきた窯でも長次郎茶碗の写しが造られてく。「駿河」なる細工師の造る今焼茶碗もその流れの一つ、と考えるほうが、むしろ矛盾が少ないのではないだろうか。光悦が手遊びの茶碗造りを楽しむのは元和年間(一六一五―二四)、同じく茶道上田流の祖・上田宗箇(一五六三―一六五〇)が手遊びの作陶をはじめるのも同じ時代。有楽は元和七年(一六二一)まで生きている。「臨済」が有楽の手造り茶碗とすればその制作を元和年間、すなわち光悦の作陶と同じころであったと考えられないだろうか。もちろん「りんさい、有楽焼也」とは織田有楽斎ではなく、同名の別人である可能性もある。

しかしこの論旨にも同じ疑問が生じる。残るもう一碗の「早船」には利休の手紙が添っている。すなわち利休存命中に存在した茶碗。現存の「早船」は作為の強い特殊な作振りをもち、他の長次郎赤樂茶碗の釉とは異なる釉調、艶やかな肌と色の変化をもっている。どうしても違和感が払拭されない。

「長次郎七種」には、利休没後にできた茶碗が混在しているのではないだろうか、「長次郎七種」とはもやはいうことはできないであろうこの七碗の茶碗。そして謎は深まるばかり!

しかし、推論に終始するわけにはいかない。課題は、利休との関わりをもつ茶碗として、この七碗がいつどのような背景をもって成立したのか、を考え直すことではないだろうか。

Ⅲ章　樂家歴代

―一〇〇年ごとに見る樂家の道統

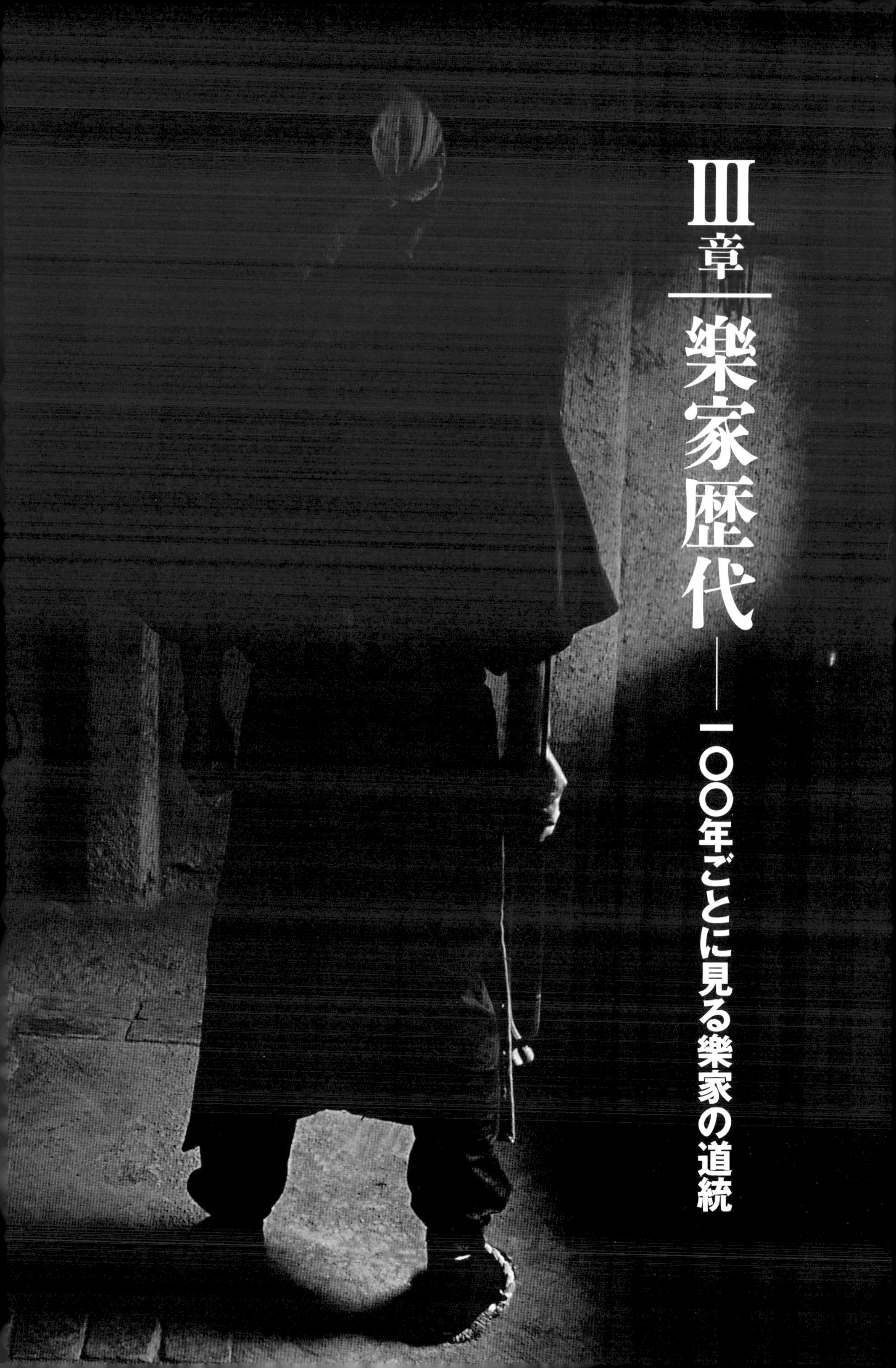

創成期の激動を経て、やがて伝統という名のもとに歴史を刻む時間の流れは緩やかになる。その緩やかな流れのなかで、人々は何を考え、何をなしえたのだろうか。

伝統という反芻《はんすう》される意識と様式のなかで、何が伝えられ、あるいは濾《こ》し去られ、また新しく加えられたのだろうか。創造への意識はふつふつと沸き立ったのだろうか。それとも伝統の底深く沈み、澱《おり》と化してしまったのだろうか。時間の流れは短くて長い。親から子、さらに孫への受け渡し。その間ほぼ一〇〇年。過ぎ去った時がわずかに薄れ、同時に過去をとらえ返し未来へとつなぐ結節点。ここでは一〇〇年という時間軸をくぎって、樂焼創成から現代にいたる樂歴代の伝統への取り組みを見てみよう。

長次郎から常慶へ

●樂家＝田中家

樂家ははじめ田中姓であった。いつごろから樂の姓を名のるのだろう?

四〇〇年の歴史をもつ樂家が正式に樂の姓を名のるのは、明治時代になってから、といえば驚かれるかもしれない。つまり、明治になって戸籍法が制定された時ということ。江戸時代には「樂」も「田中」も使っていた。原則的には武士階級のみが名字帯刀を許されていた江戸時代、工人の家が姓を名のること自体特別のはからいであった。享保年間（一七一六—三六）頃、六代左入の箱書付にはまだ、「田中左入」と「樂左入」と書かれたものが混在している。しかし九代了入の時代（一七七〇年吉左衛門襲名、一八三四年没）には、箱書付の署名はすべて「樂」の姓に統一されている。この時期に「樂」の姓が確立したと思われる。

では「田中」の姓はいつ誰を祖としてはじまっているのだろうか。その系図をたどってみよう。

●系図

天正一七年（一五八九）に長次郎が没した後、長次郎窯はどうなったのだろう？

樂家五代宗入の書き残した覚書「宗入文書」には、長次郎とともにその窯を営んでいた人物として田中宗慶《そうけい》、その子、庄左衛門・宗味《そうみ》、吉左衛門・常慶《じょうけい》なる人物が明記されていた。現在、長次郎に次ぐ樂家二代目は吉左衛門・常慶とされていることは衆知の通りである。しかし、常慶の父は長次郎ではなく、田中宗慶なのである。では長次郎との関わりはどのようになるのだろう。長次郎は田中家の婿、つまり田中宗慶の子・宗味の娘の婿である。つまり、樂家は長次郎の妻方である田中家の直系、田中宗慶こそ樂家血脈上の祖先ということになる。

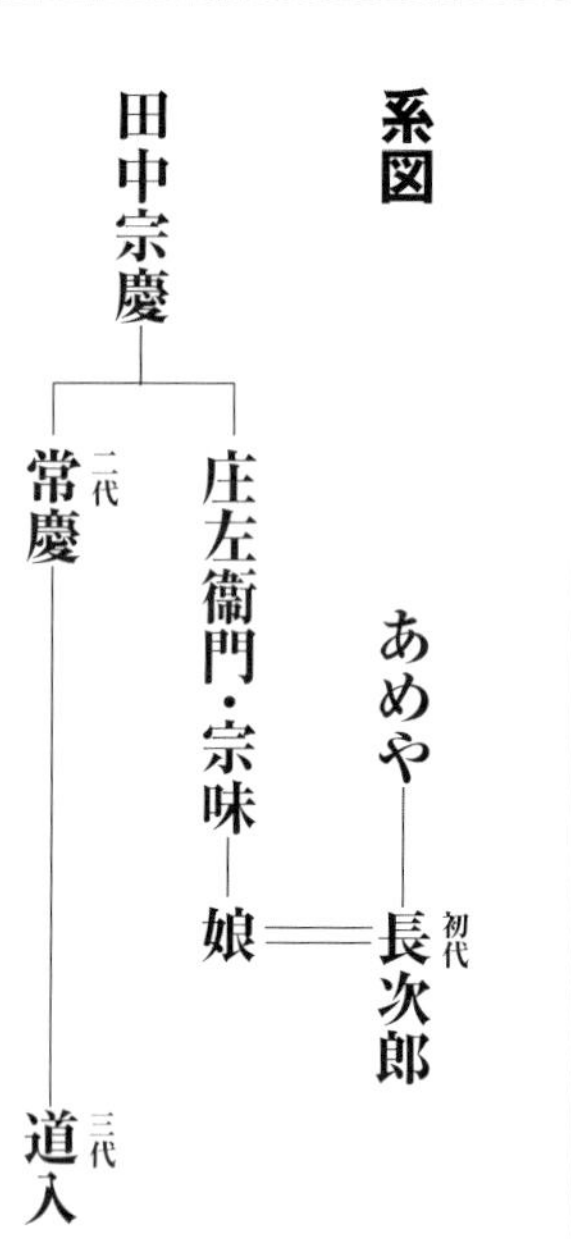

〔注〕研究者によって、長次郎の子、二代長次郎を想定する論もあるが、ここでは「宗入文書」の文意に従って、その論をはぶく。

●長次郎窯のその後

天正期（一五七三―九一）、初期の長次郎の窯は、田中宗慶一族とその宗味の娘婿・長次郎を中心に一族集団・家業態として営まれていた。長次郎は天正一七年に没し、その二年後、利休は秀吉の勘気に触れて切腹した。利休の子道安と少庵はそれぞれ遠地にお預けの身となった。利休の茶碗窯であった長次郎と田中一族に、利休事件はどのような影響を及ぼしたのだろうか。残された資料をうかがえば、田中宗慶を中心に一族の結束の行方がいくらか見えてくる。

長次郎の没後、長次郎の窯は田中宗慶を中心に営まれた。田中宗慶は天文四年（一五三五）生まれ、没年は不明。天正四年（一五七六）には南猪熊町に住まいしていたことが法華宗の寺、京都の頂妙寺に残る古文書「洛中勧進記録」で知ることができる。利休没後、文禄四年（一五九五）には年六〇才を迎え、後述の資料「三彩獅子香炉」を制作している。では、宗慶なる人物はいかなる人だったのだろうか。まず重要な内容を持つ二つの資料を見てみよう。

田中宗慶作　黒樂茶碗「天狗」　不審菴蔵

千宗旦書付「黒茶碗　天狗　残月主不審」

高さ8・7cm　口径11・8cm

高台径5・7cm

田中宗慶作　三彩獅子香炉　宗慶在印
梅澤記念館蔵

《資料1 田中宗慶作 三彩獅子香炉 宗慶在印》

三彩釉を施した大振りな獅子香炉である。その胸部に「樂印」がくっきりと捺され、また腹部には「とし六十　田中　天下一宗慶（花押）文禄四年九月吉日」と釘彫りされている。これは重要な資料である。文禄四年に六〇歳を迎え、宗慶自身も作陶をおこなっていたことはあきらかである。捺された「樂印」と同じ印をもちいた黒樂茶碗も伝世している。

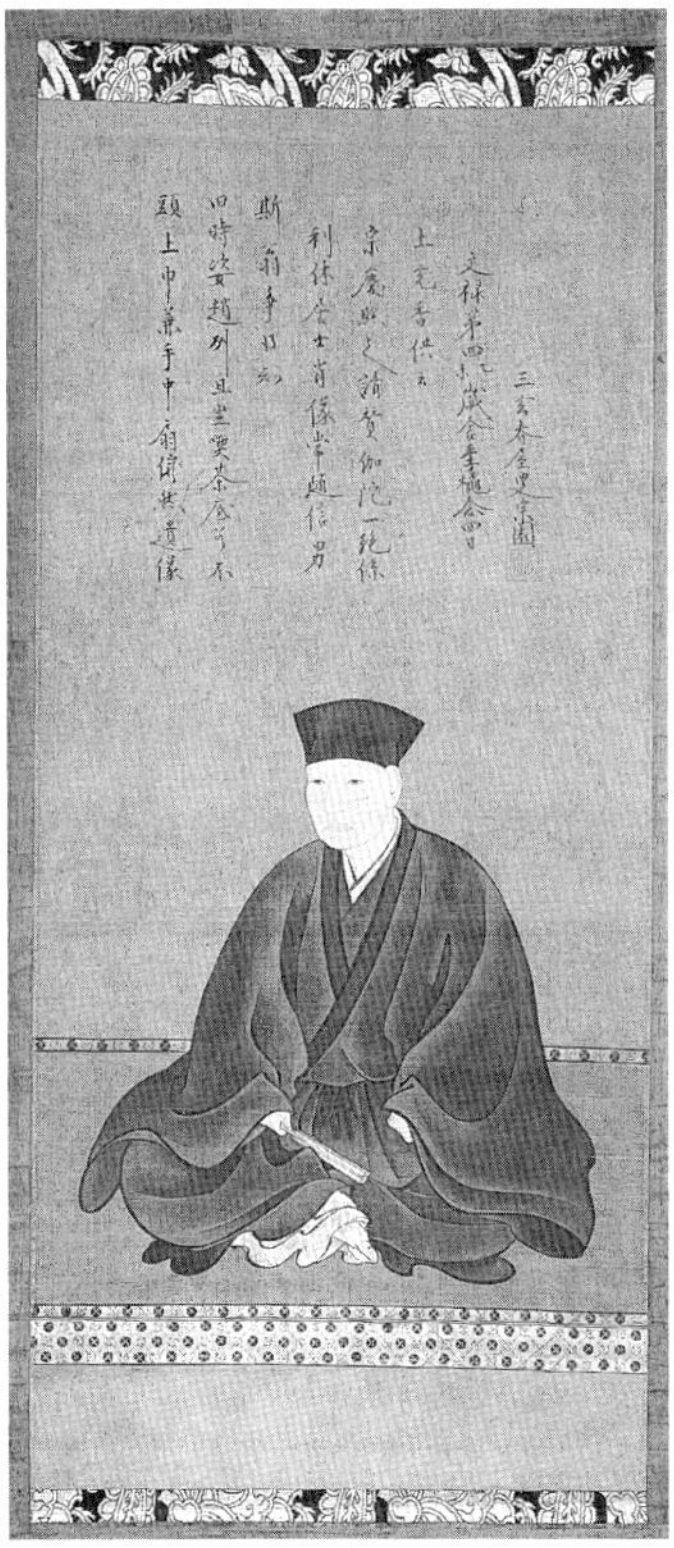

利休画像　長谷川等伯筆
春屋宗園賛　不審菴蔵

《資料2 利休画像 長谷川等伯筆 春屋宗園賛》

表千家（不審菴）に利休の肖像画が伝わっている。長谷川等伯〔注1〕が利休像を描き、春屋宗園和尚〔注2〕がそれに賛を寄せた画像で、古溪宗陳《こけいそうちん》賛の利休画像（正木美術館蔵）に次いで古い作品である。この掛軸に添えられた春屋宗園の賛のなかに田中宗慶の名が記されている。春屋の賛はこの画像がつくられた謂われを記しているのだが、それによると、「宗慶照之請賛　利休居士肖像常随信男」、つまり「利休に常

〔注1〕長谷川等伯（はせがわとうはく）天文八年―慶長一五年（一五三九―一六一〇）　桃山時代の絵師。長谷川派の始祖。はじめ信春を号し、天正一七年にはすでに等伯を名のっていた。水墨画はもとより仏画や肖像画にもすぐれた作品がある。

〔注2〕春屋宗園（しゅんおくそうえん）享禄二年―慶長一六年（一五二九―一六一一）　臨済宗大徳寺派の僧侶。大徳寺住持を経て天正一一年（一五八三）堺の南宗寺住持となる。堺衆とりわけ茶の湯を通じて盛んに交流し、千利休、古田織部、千宗旦、小堀遠州らもその元に参じた。

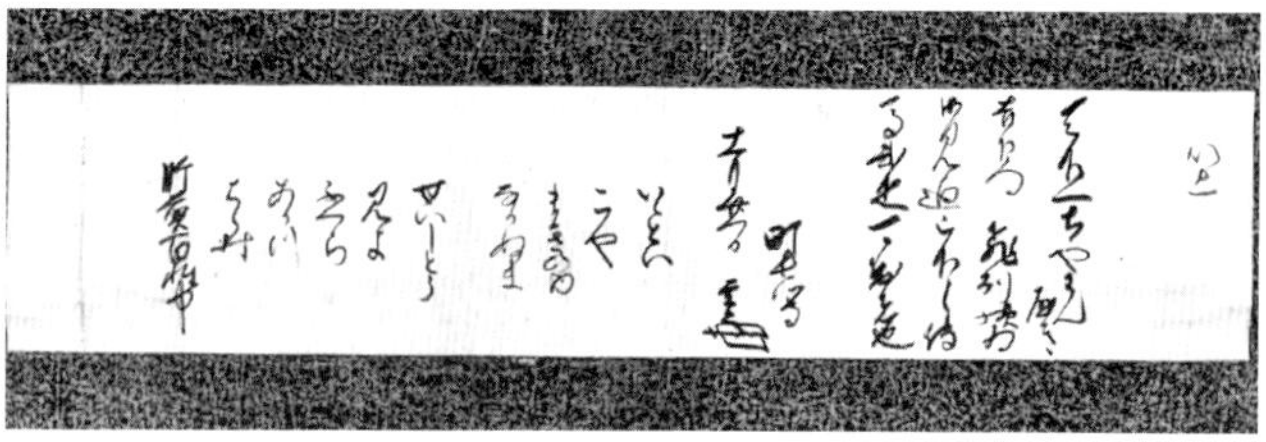

町野長門守伝符状
天下一ちやわんやき
吉左衛門　飛州様為
御見廻被下候伝
馬弐疋可出者也
町長門守（書判）
十一月廿一日
いいと
こや
まきの内
なかぬま
せいとう
みよ
ふくろ
あかつ
はら村
肝煎百姓中

に付き従っている田中宗慶がこの利休画像を自分（春屋）に見せて賛を願い出たので證した」と書き添えている。興味深いことにはその日付が前述の田中宗慶作獅子香炉と同じ文禄四年である。

これらにより田中宗慶は長次郎窯の長として、長次郎亡きあと、その窯を統率、さらに利休没後四年にあたる文禄四年には、六〇歳にして何かの理由で三彩香炉を制作、同時に長谷川等伯に利休画像を依頼、春屋和尚に賛を願い出た人物であることがわかる。「利休常随」つまり利休に常に付き従っていた、もっとも近しい人物でもあった。

《吉左衛門・常慶に関する資料》

田中宗慶の子・常慶について、興味深い資料が残っている。蒲生氏郷《がもううじさと》を会津にたずねたおりに下された伝符状（通行書）である。

差出人は氏郷の家来、白河城の宿将・町野長門守《まちのながとのかみ》。内容は「天下一茶碗焼き吉左衛門が飛州様（蒲生氏郷）御見廻りのため下られるにつき伝馬二疋差し出すように」という通達書であり、宛名は白河から北上して会津にいたる茨城街道沿いの村々の名主宛である。常慶はこれをたずさえ会津まで旅をした。通達書を示し、その村々で旅の世話を受け、出立時には新しい伝馬があてがわれた。

さてこの珍しい資料が興味深い事実を浮かび上がらせる。当時会津には利休切腹の後お預けの身となっている利休の子・少庵がいる。少庵はやがて許され帰京するが、そのおりに下された家康、氏郷連名の「召出状」が表千家に伝わっている。興味深いことにその許し状（少庵召出状）の日付がこの伝符状の日付と同じ十一月なのである。伝符状にうかがわれる常慶への待遇は、天下一とはいえ一介の工人への処遇としては過分なはからいではないか。つまりそれだけ重要な用命を常慶がになっていたということだろう。伝符状はあきらかに少庵許し状とつながっているとみるべきである。常慶のこの旅の目的は「飛州様御見廻りの為」とあるが、実は少庵を見舞いに行ったことは明白。その用向きとはお預けの身の少庵を迎えに行くことであり、その常慶の懐には「少庵召出状」がたずさえられていたにちがいない。

少庵が許され帰郷するのは文禄三年末、あるいは四年春と考えられている。利休の子・少庵を迎えて、文禄四年は利休一族、千家にとってももっとも重要な年である。おそらくこの年、利休三回忌が営まれた

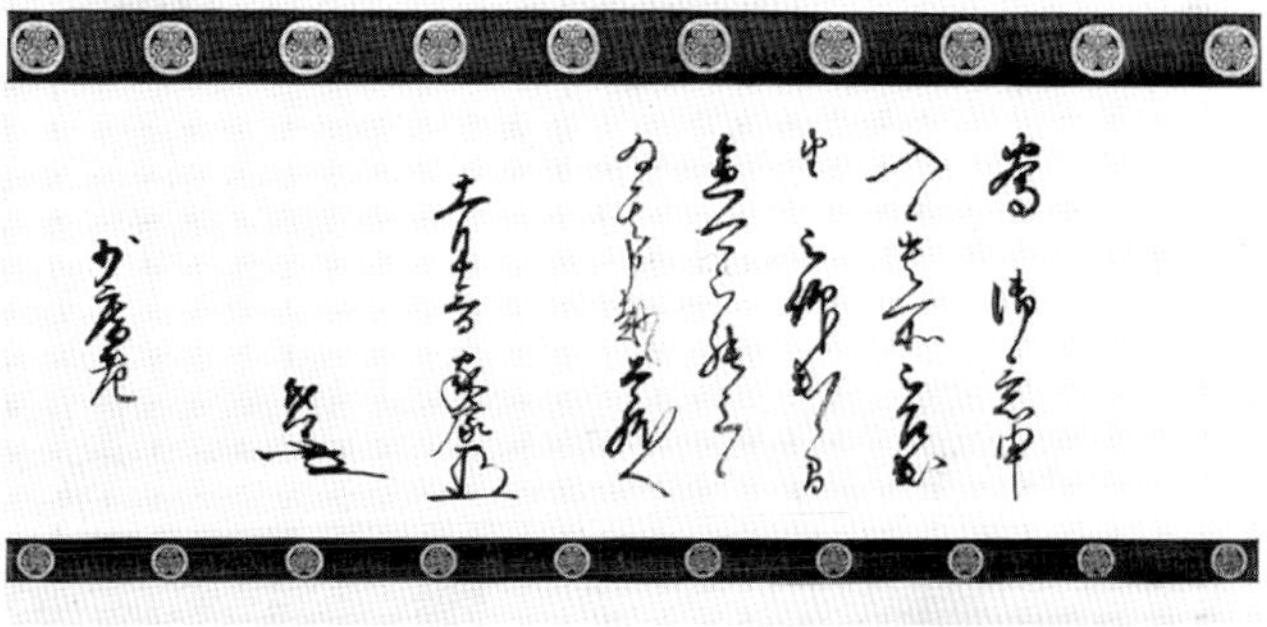

少庵召出状　不審菴蔵

釈文付

少庵召出状　不審菴蔵
為御意申入候　貴所被召出由
被仰出候間　急可被罷上候
為其中越候　恐悦々々
十一月十三日　家康(花押)
氏郷(花押)
少庵老。

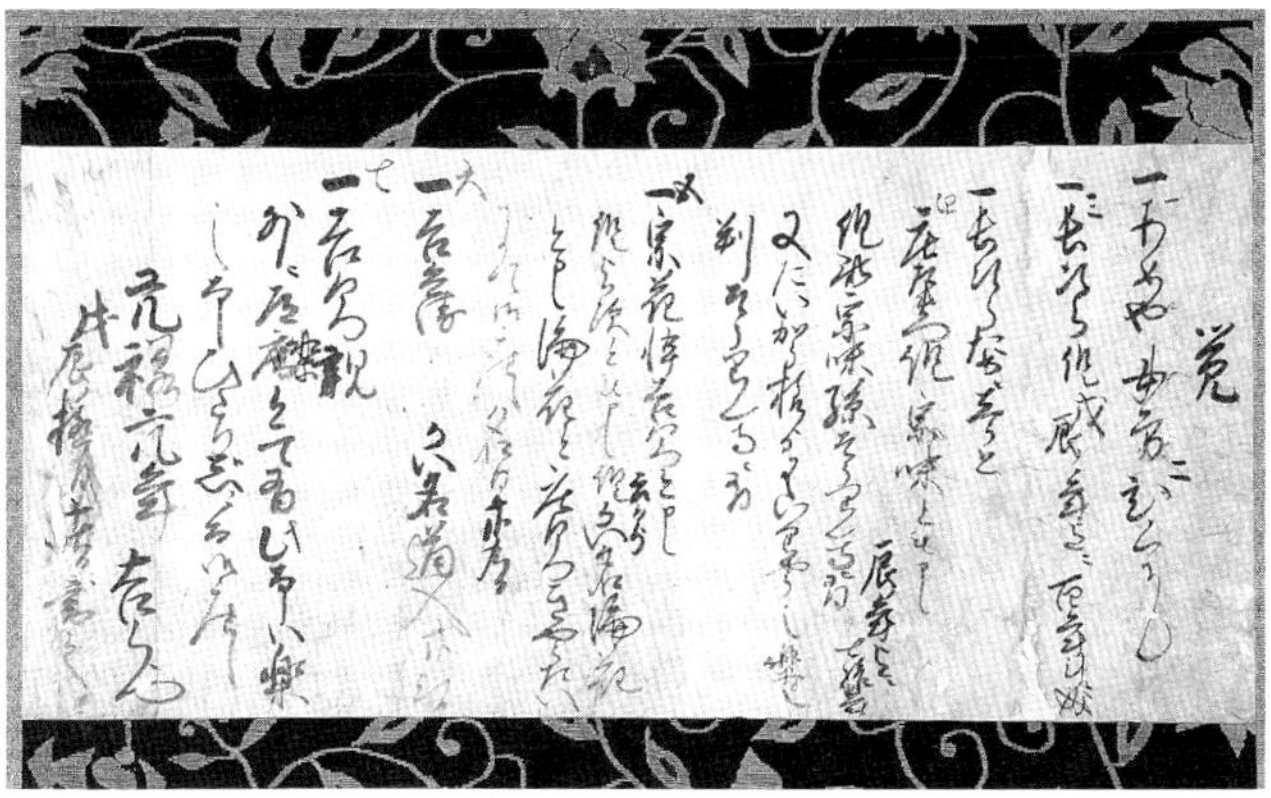

「宗入文書　覚」には「但此宗味の孫そうりん寺ニ有　又たいかう様よりはいりやう之樂之判そうりん寺ニ有」の記述が認められる。

のだろう。その年、田中宗慶は三彩の獅子香炉を制作し、利休画像を長谷川等伯と春屋和尚に依頼して、少庵を迎えに会津へ差し向けたわが子・常慶の帰りを待った。あくまでも推論の域を出ないが、これら資料は吸い寄せられるように不思議と少庵帰京に結びつく。少庵は許されて京にもどり千家を再興する。千家四〇〇年の礎《いしづえ》がこのとき築かれる。と同時に、常慶は樂家二代目後継者としてその後四〇〇年の礎を確かなものとしたのである。

最後に庄左衛門・宗味について触れておこう。

長次郎を家祖とする樂家の流れからいえば、宗味は長次郎にもっとも近い姻戚、すなわち長次郎の舅《しゅうと》にあたる。「宗入文書」によれば宗味の孫が太閤秀吉から拝領した「樂印」をもって京都東山の素林寺に入ったと記されている。想像を逞しくすれば、宗味の孫とは長次郎直系の子であるかもしれない。すでに時代は徳川の時世、それが「秀吉拝領の印」をはじめおそらく太閤ゆかりのいっさいを背負って素林寺に入る。

宗味直系の一族は旧体制の陰を一身に引き受けるかのように歴史から姿を消す。そして一族のなかで旧体制からもっとも遠い存在、常慶が二代目として家を取りまとめていく。考えれば千家を再興しそのあとを継いだ少庵も、実は利休とは直接の血縁をもたない利休の妻・宗恩の連れ子ではなかったか[注]。連れ子少庵に対し、利休直系の子・道安の一族は同じく歴史の舞台から姿を消している。

利休没後の千家と樂家、同じ時期、文禄年を境に、少庵と常慶という、どちらも妻方の人物が次代を継承する。両者は、旧体制・豊臣政権から最も縁の薄い人物であるともいえるのではないだろうか。

まさに新旧の体制が入れ替わっていく激動の時代、それぞれの家の継承をめぐるこの物語は、一つの家と人々が時代を生き延びるための最良の知恵と方便ではなかっただろうか。

[注]千少庵はのちに利休の娘お亀をめとり、ふたりの間に生まれた宗旦へと千家は継承されていく。

常慶のバロック

JÔKEI

二代 吉左衛門・常慶　生年不詳―寛永12年（1635）

初代長次郎の茶碗は、宗易形の茶碗として利休の思想をその姿にあらわしたものであった。それは動きや変化、誇張や装飾をおさえ個性的な表現を捨象した理念的な造形であった。

長次郎の没後、常慶の作陶はは大きく二つの傾向を示している。長次郎茶碗の様式を再現する作品と、時代の意相、感性を吸収して新たな作風を模索した作品である。当時、茶の湯世界は古田織部《ふるたおりべ》（一五四三―一六一五）の活躍する時代を迎えている。動き―ひずみ―大振り―多彩―対比の造形、すなわち、かぶきの精神。大胆なデザインを加えた織部茶碗、その万人を驚かす異風の体、大きくゆがみねじれる動きをともなった造形、それは静かで寡黙な長次郎茶碗とはまさに対極の作品。まさにバロック的な造形であった。

利休が長次郎を指導したように、織部茶碗は古田織部が指導したとされている。しかし織部個人のはたらきに帰するよりも、むしろ慶長という時代の気風が織部茶碗を造り上げたといえる。いくぶん投げやりな自己主張、かぶき者が個性を謳歌する時代であった。

常慶はいち早くその気風をくみ取り、作品に取り入れている。口部を一段張り出し、大きく沓形《くつがた》に変形した常慶の黒樂茶碗、織部茶碗と通じる造形。まさに動きをともなった造形、常慶のバロックである。小振りな長次郎茶碗と異なり大振りで堂々としている。高台付近に土を見せているところも長次郎茶碗とはちがう。しかし織部茶碗と異なる点もある。黒釉一色に終始したこと。さらにじっくり見れば大きなゆがみを加えているにもかかわらず、織部茶碗ほど強い動きを感じさせない。静かである。常慶のなかで長次郎様式と織部様式が同居している。

このような常慶の沓形茶碗の数は少ない。大半は長次郎形の茶碗である。しかしそこにも常慶独自な作風が認められる。長次郎茶碗に比べて強く胴部を締め、口部の抱え込みも強くまたうねっている。やはり控えめながらも動きが表現されている（黒樂茶碗「不是」参照）。それは単なる長次郎形の模倣ではない。常慶らしい作風にとらえ返されている。利休亡きあと、宗易形から解放され新しい作風を模索する姿と長次郎茶碗の様式を継承しようとする姿が率直に重なっているのである。

黒樂茶碗「黒木」
樂美術館蔵
如心斎書付「二代目黒　茶碗
宗左（花押）　銘　黒木ト云」
高さ7・8cm
口径15・8cm
高台径6・1cm
樂家旧蔵

黒樂平茶碗　樂美術館蔵
旦入書付「常慶造　黒平茶碗十代旦入（印）證」
高さ7・4cm　口径15・5cm　高台径5・9cm
樂家旧蔵

黒樂茶碗「ホトトギス」　藤田美術館蔵
如心斎書付「二代目くろ茶碗　ホトヽキス（花押）」
啐啄斎書付「吉左衛門黒茶碗　如心斎書付　銘ホトヽキス　（花押）」
高さ7・8cm　口径14・0cm　高台径5・4cm
藤田家旧蔵

黒樂茶碗「不是《ふぜ》」　個人蔵
仙叟書付「不是　室（花押）」
認得斎書付「二代目作黒茶碗　仙叟宗室
箱書付　銘　不是　宗室（花押）」
高さ8・5cm
口径10・3cm
高台径6・4cm

三代 道入のモダニズム

DÔNYÛ

三代 吉左衞門・道入　慶長4年―明暦2年（1599―1656）

二彩鶴首形樂花入
樂美術館蔵
高さ26・2cm
胴径11・5cm
高台径6・7cm
赤星家―樂家伝来

道入の作陶を特色づけるのはその根底にあるモダニズムだろう。重く沈み込む長次郎茶碗にくらべて、道入茶碗は軽やかで開放的、晴々と明るい。分厚く肉厚な長次郎茶碗とは異なり、器胎は驚くほどの薄さに削り込まれ、大振りな寸法のわりに手取りは軽やかである。黒釉は艶やかな光沢を増し、その黒釉をくぎって透明感のある薄黄色い光沢釉が抽象的な文様を描いている。あるいはむらむらと白濁した蛇蝎釉《じゃかつゆう》や、あるいは銅成分の混じり合った朱釉《しゅぐすり》が黒釉と混ざり合う。また、赤樂茶碗の釉調は、黄土をもちいた化粧掛けを施すことによって赤みを増し、窯変による鮮やかな景色の変化があらわれる。それは、長次郎茶碗が否定した装飾への道、個性の表現をはじめて切り開いたといえる。まさに内省的な重厚な存在感に対する解放された軽身の美学である。

長次郎からわずか半世紀に充たない、いわば隣り合わせの時代。その時代の人々にとって、道入の導いたモダニズムの新しさは、常に新しい造形へと駆り立てられている我々の世紀の造形より、当時の人々にとってはるかに衝撃的であったにちがいない。

黒樂茶碗「青山」
重要文化財
樂美術館蔵
ノンコウ加賀七種之内
内箱蓋表金粉字行「青山」
高さ8・7cm
口径11・5cm
高台径5・5cm
青山将監―亀田伊右衛門―
吉倉惣左―横山隆俊伝来

黒樂茶碗「寿老人」　個人蔵
覚々斎書付「ノンカウ　黒茶碗　銘　寿老人（花押）」
高さ8・9cm　口径11・2cm　高台径5・1cm
鴻池善右衛門―馬越恭平伝来

黒樂茶碗「残雪」　樂美術館蔵
了々斎在判　書付「ノンカウ　黒茶碗　残雪　ト云　好雪軒」
高さ8・0cm　口径13・3cm　高台径4・9cm
賀嶋屋広岡家伝来

赤樂茶碗「鵺《ぬえ》」
重要文化財
三井記念美術館蔵
ノンカウ七種之内
覚々斎書付「鵺」「のんかうあか　茶碗
号名　鵺ト云　左(花押)」
高さ９・０cm
口径１２・２cm
高台径５・９cm
久田宗全―舟木宗川―地黄丸屋―
不審菴―室町三井家伝来

五代 宗入のルネサンス

SÔNYÛ

五代 吉左衞門・宗入　寛文4年—享保元年（1664—1716）

ルネサンスというヨーロッパの壮大な文芸復興を、単にギリシヤ様式の復興として狭義にとらえ、比喩としてもちいる誤りを認めつつあえて見立てるとすれば、宗入の作陶は長次郎茶碗様式の復興、利休の侘茶《わびちゃ》へのルネサンスということができるだろう。

宗入の生きた時代、それは長次郎没後一〇〇年、尾形光琳《こうりん》（一六五八—一七一六）、乾山《けんざん》（一六六三—一七四三）兄弟の活躍する元禄時代であった。そして宗入は樂家初めての養子で、実家は雁金屋《かりがねや》。光琳、乾山とは従兄弟にあたる。光琳、乾山が琳派様式を下敷きに王朝文化を復興したように、宗入の長次郎様式へのこだわりは茶の湯における利休復興である。利休没後一〇〇年、その間茶の湯は古田織部、小堀遠州など、さまざまな茶の湯者の好みを受けて分化したが、利休百回忌（元禄三年／一六九〇）を機に、茶の湯の美意識も再び利休の侘茶の世界をとらえようと胎動する。「侘ノ本意ハ、清浄無垢ノ仏世界ヲ表シテ」と、茶の湯の極意を伝える利休侘茶の秘伝書とされる『南方録』が世に登場したのも、まさに元禄三年からほどなくとされており、茶聖利休のイメージ化はここにおいて最高潮に達する。

さて、祖父・三代道入によって導かれた樂茶碗におけるモダニズムは、その後、四代一入という中間的な橋渡しを経て、宗入において修正される。道入において滑らかな光沢を得た黒釉は再び光沢を失い、「かせ釉《ぐすり》」と呼ばれる青黒く錆びた鉄肌を思わせる鈍重な釉調を見せる。

モダンな装飾は消し去られ、厚く黒釉が器胎のすべてをおおっている。茶碗の寸法は再び小さくおさめられ、器胎の厚さも分厚く、腰を低く落とした姿は重厚な存在感を感じさせる。宗入の視線は一直線に長次郎をめざしている。しかし誤ってならないのは、宗入茶碗は長次郎茶碗の写し、模倣ではないということである。そこには宗入自身の創造的な視線がとらえた長次郎茶碗が歴然と映え、それがまさに宗入独自な創造世界となって結実している。宗入茶碗の代表作の一つ「亀毛」。重く沈み込む黒釉の底にわずかに感じられる艶《あで》な世界。ぽってりとした口造り、胴部のやわらかな膨らみとくびれはどこか肉感的な艶《なまめ》かしさを暗示させはしないだろうか。それは宗入自身も気づかずに漂い忍び込んだ元禄という時代の芳香というべきものかもしれない。

黒樂茶碗「亀毛《きもう》」
樂美術館蔵
如心斎書付「宗入　黒茶碗
亀毛（花押）」
高さ8・3㎝
口径9・3㎝
高台径5・2㎝
樂家旧蔵

黒樂茶碗「比良暮雪」　樂美術館蔵
癸巳二百の内
覚々斎書付　近江八景詩文
高さ8・1㎝　口径10・8㎝　高台径5・1㎝

黒樂筒茶碗　樂美術館蔵
了入極書付「宗入作　黒筒茶碗　九代了入(印)」
高さ9・7㎝　口径9・0㎝　高台径5・4㎝
樂家旧蔵

黒樂茶碗「糸遊」　個人蔵
啐啄斎書付「宗入作　黒茶碗　糸揺（花押）」
高さ8・5cm　口径10・5cm　高台径5・0cm

赤樂筒茶碗「福寿草」　湯木美術館蔵
覚々斎書付「銘　福寿サウ（花押）」了々斎書付「無紛也　左（花押）」
高さ10・0cm　口径8・5cm　高台径5・2cm
鴻池家―湯木貞一伝来

九代 了入のネオクラシシズム

RYÔNYÛ

九代 吉左衛門・了入　宝暦6年—天保5年（1756—1834）

九代了入の作陶時代は長次郎より二〇〇年を経る。伝統という言葉の内実がさらなる厚みとなって重たく堆積しているはずだ。道入、一入、宗入と新味を加えてきた釉調も、了入にいたっては取り立てた新しさは見られない。了入はその重圧に対して何をもって立ち向かったのだろうか。

了入は樂茶碗の伝統意識のなかで、長次郎とともに道入の作陶に目をとめる。驚くほどの薄さにまで削り上げた道入茶碗、軽ろ味のモダニズム。その削るという行為を、了入はみずからの作陶の中心に据えた。すなわちヘラの強調。

了入茶碗にはさまざまなヘラの跡がしっかりと刻みつけられている。ときには作為をあらわにし、ときには無造作をよそおい、変化の絶妙な間合いをとらえて遊ぶ。江戸時代後期、文人精神の尊ばれた風潮にそって、時代は人に自分らしさ、その境地の表現をもとめている。そうした時代のなかで、了入の新しさは道入のようにさまざまな造形的なモダニズムをめざしたものではない。ヘラ削りに託して了入がもとめたもの、それは造形の追求としての作品ではなく、単なる表現の結果を超えて、精神的な心の自在性、境地へと高まる内面的な試み、その過程として自らの作陶を考えていたのではないだろうか。

了入茶碗に刻まれたヘラは、まさに了入の葛藤の痕跡である。ときには融通無碍《ゆうずうむげ》に心を遊ばせているようでもあり、あるいはよそおっているようにも見える。自在でもあり捕らわれてもいる。六〇年にもおよぶ長い作陶生活の末、了入は真に心の自在、孤高の境地にいたり着いたのだろうか。その是非をもとめるのはあまりにも心が痛む。伝統の重責と時代性の狭間で、時にいたり、また、時に失う。まさに人の生きざまこそが問われる、そのような作陶人生であったのではないだろうか。

黒樂茶碗「巌」 個人蔵
啐啄斎書付「吉左衛門作
黒茶碗 いはお 左（花押）」
高さ８・３cm
口径１０・１cm
高台径３・９cm

赤樂茶碗　六十三歳造　樂美術館蔵
高さ８・０cm　口径９・９cm　高台径４・１cm
樂家旧蔵

赤樂茶碗　古希七十之内　一八二五年制作　樂美術館蔵
共箱「赤　丙戌　九代（印）」
高さ７・８cm　口径９・５cm　高台径４・１cm
樂家旧蔵

白樂筒茶碗
樂美術館蔵
高さ9・1cm
口径9・6cm
高台径4・7cm
樂家旧蔵

十一代 慶入のマニエリスム

KEINYÛ

十一代 吉左衞門・慶入　文化14年—明治35年（1817—1902）

削るという行為に主軸を置き、ヘラ跡を強調した了入の作陶は、以後近代の樂歴代に大きな影響をあたえた。今日においても手捏《てづく》ね茶碗にあって、ヘラ削りの面白さは大きな要素を占めている。カルチャーセンターなどで趣味の茶碗造りにたずさわった人ならば誰でも、工程の完成間近、何とはなく特色のあるヘラ跡を刻みつけたくなる気持ちが生じることを一度は経験したことだろう。

それほどにヘラ削りへの志向は手捏ね茶碗としての樂茶碗の方向を決定した。そうした了入の作陶は、そのままその子十代旦入を経て十一代慶入、さらに十二代弘入、十三代惺入まで受け継がれている。技巧性を一段と深め、変化に富んだヘラ跡のおもしろさはさらに多彩なものとなっていく。「縦ベラ」や「横ベラ」あるいは「斜めヘラ」、めくるようにヘラに強弱をつけて走らせる「ベベラ」、ロクロの飛び鉋《かんな》の跡を思わせるヘラ、「櫛目ベラ」など、いつしかその技巧は名称を付与されるまでとなる。もちろんそれは樂茶碗の世界のみではなく近世の茶陶全般が競った技巧世界、マニエリスムの特色でもある。

幕末は京焼の諸窯が活躍する百花繚乱の時代でもある。永楽保全《えいらくほぜん》、仁阿弥道八《にんあみどうはち》、奥田頴川《おくだえいせん》などを中心にさまざまな焼物世界が展開する。そこでは和物はもとより唐物や高麗物（朝鮮半島物）などあらゆる焼物の写しを競って制作する。技術の研鑽は一挙に高まっていくと同時に、その技巧はいわゆる「あじ」や「しゃれ」へと傾斜する。幕末を生きた十代旦入の技巧は了入をはるかに上まわっている。茶碗の胴部や見込部分はもちろんのこと、高台の狭い畳付にいたるまで、間合いのよい気のきいたヘラが刻まれている。加えることと、控えることの妙味に苦心した、まさに技巧的な「間」の世界が展開している。

十一代慶入の作陶には加え過ぎることによるわざとらしさは見られない。むしろ控えることに重きを置いた静謐な趣をもっている。それは磨き込まれた職人の感性「勘」と、作者本人の気質によるのだろう。

茶碗を取りまく鑑賞者、茶の湯の世界も大きく変化する。茶碗の伝統様式はすでに動かしがたいものとして人をとらえている。そのなかで技巧のうまさを楽しみ、「上手ですなー」と悦に入る。さらに茶碗のなかに作者の人格をさぐり、作者自身の人柄を認めて喜ぶ個的なつながりを重視する。それは茶の湯の広まりのなかで道具との関わりをより親しみのある身近なものにしたに相違ない。しかし一方、利休や長次郎がそのはじまりにおいて人格などというものにはこだわらず、ひたすら理念をもとめたことを考えるとき、近代の茶の湯世界がある袋小路に陥っていることを認めざるをえないのである。

黒樂掛分茶碗
樂美術館蔵
共箱「以飛騨鹿島鉱石造
十一代慶入造(印)」
高さ6・8cm
口径10・4cm
高台径3・8cm

黒樂茶碗「入船」　個人蔵
碌々斎書付「銘　入船　旦（花押）」
高さ7・9cm　口径11・5cm　高台径5・1cm

鵞鳥大香炉　樂美術館蔵
高さ38・0cm　長径50・5cm
樂家旧蔵

貝貼文白樂茶碗「潮干」　樂美術館蔵
弘入極書付「慶入作　白樂茶碗」
高さ7・4㎝　口径11・7㎝　高台径4・9㎝
樂家旧蔵

十四代 覚入の伝統と現代の和合

KAKUNYU

十四代 吉左衞門・覚入　大正7年—昭和55年（1918—80）

覚入はモダニズムの人である。覚入が作陶をはじめるのは昭和二〇年、終戦を迎えて中国大陸から復員して以後のこと、まさに戦後とともにはじまっている。

さて茶の湯陶芸の現代、その新しい動きはまず荒川豊蔵、加藤唐九郎、金重陶陽をはじめとした国焼陶からはじまったといえる。これらの人々は桃山陶芸のエネルギッシュな本質に魅了され、その再現を試みた。もちろん単なる様式の模倣、写しではなく、様式の奥にある創造に向かう気迫をこそこめようとした。

しかし、彼らとは一世代後の覚入は桃山陶芸復興の動きには向かわなかった。表現的な造形美をもつ美濃や備前陶に立脚する彼らとは異なり、覚入の立場は樂茶碗にある。樂茶碗にとって桃山復興とは長次郎茶碗への復興である。覚入は先輩たちの仕事を前に、樂茶碗の桃山復興を幾度となく考えたに相違ないが、それは不可能に近い思いであったと想像する。まして三〇〇年前、思いはちがうが五代宗入がすでにそれをおこなっている。

では覚入はどのようにみずからの作陶を位置づけようとしたのだろう。

覚入の残した作品をうかがうに、一筋の明確な意識が浮かび上がってくる。それは樂茶碗の様式を堅持し、そのうえにいかに現代をもち込むか、つまりは伝統とモダンの調和をめざしたのである。

覚入は若い時期、道入茶碗に心ひかれたとしばしば語っている。道入は造形そのものへの視線を明確にしたまさにモダニズムの人。それは了入のように境地をもとめ、その精神的な反映を期待することでもなく、まして人格論や人柄を重ね合わせることでもない。覚入もヘラ削りの人であったが、覚入茶碗には思わせぶりな遊びヘラは見られない。ヘラの趣に心情や情緒を託したりはしない。そのヘラは茶碗の骨格を的確にとらえようという試みのなかに位置づけされ、構築性をもっている。また、釉の掛け分けを駆使したモダンな装飾にも挑んでいる。今日ならばこのようなモダンな茶碗も受け入れられ、茶会において大いに使われることに何のためらいもないだろう。しかしわずかな時差のなかで覚入のモダンな茶碗は人の目に止まる機会も少なく、わずかな所蔵家の蔵の中に眠ってしまっていた。

覚入のモダンは伝統様式からけっしてはずれることはなかった。あくまでも伝統の樂茶碗の姿、その様式のうえにモダンを調和させようと試みた。「六〇過ぎになって隠居すればもっと自由になれる」しばしば覚入が呟いた言葉だが、伝統の重みとは覚入にとってさほどにも重たいものであったのか。覚入のめざした作陶の行方がどのような成果と結論に達するのか。覚入はその試みの中途、作陶家としてはまだこれからという好機を放棄し、六一歳で病に倒れ他界した。生まれも死も少し早すぎた樂家十四代、御茶碗屋モダニストであった。

黒樂茶碗「林鐘《りんしょう》」　一九五九年制作　樂美術館蔵
即中斎書付「吉左衛門作　黒茶碗　銘　林鐘　左(花押)」
高さ８・９cm　口径１１・４cm　高台径５・４cm

富士之画黒樂茶碗「晨明《しんめい》」 一九六二年制作 樂美術館蔵
而妙斎書付「覚入作 富士之繪 黒茶碗 銘晨明 左(花押)」
高さ9・1cm 口径11・3cm 高台径5・7cm

赤樂茶碗「秋の山路」 一九六九年制作 樂美術館蔵
即中斎書付「吉左衛門作 赤 秋の山路 左(花押)」
高さ8・4cm 口径11・5cm 高台径4・8cm

赤樂茶碗「樹映《じゅえい》」 一九七五年制作 樂美術館蔵
即中斎書付「吉左衛門作 赤 樹映 左（花押）」
高さ9.7cm 口径11.7cm 高台径5.6cm

赤樂茶碗「杉木立」 一九七二年制作 個人蔵
鵬雲斎書付「吉左衛門作 白釉 杉木立（花押）」
高さ8.8cm 口径12.0cm 高台径5.7cm

赤樂平茶碗「綵衣《さいい》」　一九六三年制作　樂美術館蔵
高さ5・6㎝　口径13・7㎝　高台径5・8㎝

薄赤釉三角水指
一九七五年制作　個人蔵
高さ16・4cm
口径19・0cm

十五代 樂 吉左衛門の軌跡

KICHIZAEMON XV

十五代 吉左衛門　昭和24年(1949)生

これは著者自身のことである。評論家じみた言説は許されない。今まで本書に述べてきたことも、見方をかえれば著者自身の作陶を中心に据えて自分自身を語ることでもあった。できれば自分自身の作陶の説明はしたくはないが、この本の締めくくりとして話さなければならないだろう。とすれば樂茶碗の伝統にそって自分がおこなってきた試み、このことを語るべきだろう。私がなした試み、あるいは犯した侵犯は、歴代が踏みとどまり、覚入が堅持した樂茶碗の伝統様式を、片方の足で踏み越えたことである。未到の世界の広がりに恐れを抱きつつも、一度踏み越えた境界は、再びもどることはできない。この不安のなかで、唯一私が頼りと仰ぎ、手に握っている指針となるべきもの、それは長次郎茶碗。現代社会におそらく意味をあたえるであろう、その理念的な深さと大きさである。

黒樂焼貫茶碗「吹馬《すいば》」　一九九三年制作　樂美術館蔵
出典『唐詩　神絃曲』李賀
「西山日没東山昏　旋風吹馬馬踏雲」
高さ11・0cm　口径13・2cm

焼貫茶碗「滲雲《しんうん》」　一九九六年制作　樂美術館蔵
出典『准南子』
高さ12・0cm　口径12・9cm

焼貫茶碗「望舒《ぼうじょ》」　一九九四年制作　個人蔵
出典『楚辞』屈原
高さ9・9㎝　口径13・6㎝

焼貫筒茶碗「燭龍《しょくりゅう》」　一九九三年制作　個人蔵
出典『淮南子』
高さ12・0㎝　口径10・5㎝

焼貫茶碗「砕動風鬼《さいどうふうき》」 一九九〇年制作 樂美術館蔵
出典『二曲三体人形図』世阿弥
高さ9・1cm 口径15・4cm

焼貫茶入　一九九〇年制作
東京国立近代美術館蔵
高さ11・5㎝　口径6・5㎝

焼貫茶入　一九九〇年制作
個人蔵
高さ10・0㎝　口径8・2㎝

焼貫茶入　一九九二年制作
京都国立近代美術館蔵
高さ12・2㎝　口径8・1㎝

IV章 付 樂家年表

長次郎

西暦	年号	樂家関連	一般事項
一五三五	天文 四	田中宗慶生まれる。	
一五七四	天正 二	「天正二年春　長次良寵命　造之」刻銘の彩釉獅子像が残る。	この頃、千宗易、織田信長の茶堂となる。 信長、狩野永徳筆の屏風一双を上杉謙信に贈る。
一五七六	四	この頃、田中宗慶は南猪熊町に住まう（「洛中勧進記録」）。	信長、安土城に移る。
一五七九	七	『天王寺屋会記』一〇月一七日の条、山上宗二の茶会で「赤色之碗」使用の記載あり。	安土城天守閣竣工。
一五八〇	八	『天王寺屋会記』一二月九日の条、千宗易の茶会で「ハタノソリタル茶碗」使用の記載あり。	
一五八二	一〇		六月二日、本能寺の変にて織田信長没す（49）。
一五八五	一三		一〇月七日、豊臣秀吉、関白となり禁中小御所にて茶会を催す。この時、千宗易、茶堂をつとめ、正親町天皇より利休居士号を勅賜される。

常慶

道入

一五八六		一四	『松屋会記』一〇月一三日の条、中坊源吾の茶会で「宗易形ノ茶ワン」使用の記載あり。この頃より茶会記に今焼茶碗、黒茶碗などの記載がふえる。	秀吉、この春、京都で聚樂第造営に着手、翌年秋完成。
一五八七		一五		一〇月一日、北野大茶湯開催される。
一五八八		一六		『山上宗二記』に「惣別茶碗ノ事、唐茶碗ハ捨タリタル也、当世ハ高麗茶碗・瀬戸茶碗・今焼ノ茶碗迄也、形サヘ能候ヘハ数奇道具也」の記載あり。
一五八九		一七	長次郎の没年と推定。	
一五九一		一九		二月二八日、千利休没(70)。
一五九二	文禄	元	この頃、常慶、「天下一ちゃわんやき吉左衛門」と称される。	秀吉、朝鮮出兵(文禄の役)。
一五九三		二	一一月二一日、常慶、会津に蒲生氏郷を見舞う(「樂家文書」)。	
一五九四		三		この頃、千家再興する(不審菴蔵「少庵召出状」)。長谷川等伯筆利休肖像画(不審菴蔵)に一〇月付け春屋宗園の賛。
一五九五		四	「とし六十、田中天下一宗慶(花押)、文禄四年九月吉日」刻銘の樂焼三彩獅子香炉が伝世。	秀吉、七月二八日より聚樂第の破却を開始する。
一五九七	慶長	二		秀吉、朝鮮へ再度出兵(慶長の役)。
一五九八		三		八月一八日、豊臣秀吉没(63)。
一五九九		四	道入生まれる。	『宗湛日記』二月二八日の条、古田織部の茶会で「セト茶碗ヒツミ候也。ヘウゲモノ也」と評される茶碗使用の記載あり。
一六〇〇		五		関が原の戦。
一六〇三		八		出雲の阿国、京で歌舞伎踊りをはじめる。
一六〇七		一二		二月一七日、千道安没(62)。この頃、四条河原、女歌舞伎で賑わう。

一六〇八		一三	『松屋会記』二月二五日の条、宗旦の茶会で「シュ樂黒茶ワン」使用の記載あり。	
一六一〇		一五		古田織部、将軍秀忠に献茶。
一六一四		九		九月七日、千少庵没(69)。
一六一五	元和	元		六月一一日、古田織部没(72)。 本阿弥光悦、徳川家康より洛北鷹ケ峰の地を賜る。 大坂・夏の陣、豊臣家滅亡。
一六一六		二	この頃、樂家宛の光悦書状あり。	徳川家康没(75)。
一六二九	寛永	六		幕府、女歌舞伎などを禁止。
一六三五		一二	五月二九日、常慶没(75)。	幕府、日本人の海外渡航を禁止。
一六三七		一四	『松屋会記』閏三月二八日の条、別所内膳の茶会で「アカシュ樂茶碗」の記載あり。	二月三日、本阿弥光悦没(80)。 島原の乱。
一六四〇		一七	一入生まれる。	女歌舞伎、再禁。
一六四二		一九		一月、表千家四世江岑宗左、紀州徳川家へ出仕。
一六四四	正保	元	道入作白釉葵御紋茶碗伝世(又は承応三年)。不審菴蔵。	
一六四六		三		宗旦、今日庵を建てる。
一六四七		四		二月六日、小堀遠州没(69)。千宗旦、隠居す。 この頃、野々村仁清、京都御室に築窯すという。
一六四九	慶安	二	『松屋会記』四月五日の条、宗旦の茶会に「シュ樂茶ワン、今、油小路ニテニセテ今焼キ候由」の記載あり。この頃、道入、紀州へ下向す(「宗旦文書」)。	
一六五二		五		七月、仙叟宗室、加賀前田家へ出仕。
一六五六	明暦	二	二月二三日、道入没(58)。道樂、泉国境にて開窯。	一二月一五日、金森宗和没(73)。
一六五八	万治	元		一二月一九日、千宗旦没(81)。
一六六二	寛文	二	一元生まれる。	

常慶

道入

一六六四	四	宗入生まれる。	
一六六五	五	宗入、雁金屋より樂家へ養子に入る。この頃、樂家、猪熊一条上ルへ移る（『樂家代々』）。	
一六六六	六	大樋長左衛門、仙叟と加賀へ下る。大樋焼開窯。	仙叟、加賀前田家の茶道茶具奉行となる。
一六六八	八		一翁宗守、高松藩を致任し、官休庵を営む。
一六七二	一二		表千家四世江岑宗左没（60）
一六八二	天和 二		七月二四日、本阿弥光甫没（82）。
一六八五	貞享 二	左入生まれる。	
一六八八	元禄 元	一入、宗入、一元、伊勢へ下向。一元、南山城玉水の地に玉水焼を開窯する。	
一六九〇	三	一二月一七日、「宗入文書」成る。	二月二八日、仙叟、利休堂を建て、利休一〇〇回忌を営む。 立花実山『南方録』を筆写する。
一六九一	四	一入剃髪、宗入、吉左衛門を襲名。	大坂の豪商・鴻池道億『鴻池家道具帳』をつくる。 表千家五世随流斎没（42）
一六九四	七	『万宝全書』（元禄七年成立）に、「六代、吉左衛門　今の樂焼なり、粟田口焼押小路焼等も此樂焼を似せたるものなり」の記載あり（六代は一入のこと）。	
一六九六	九	この頃、樂家、油小路へもどる。 一月二二日、一入没（57）。	
一六九七	一〇		裏千家四世仙叟没（76）。
一六九九	一二		尾形乾山、洛北鳴滝に窯を開く。
一七〇八	宝永 五	宗入剃髪、左入、吉左衛門を襲名。	武者小路千家二世文叔没（51）。
一七一二	正徳 二	初代大樋長左衛門没（83）。	
一七一三	三	宗入、齢五〇に際し、茶碗を二〇〇個造る（癸巳茶碗）。	
一七一四	四	長入生まれる。	

一入

宗入

左入

一七一六	享保	元	九月三日、宗入没(53)。	
一七二二		七	一元没(61)。	
一七二四		九		近衛予楽院の言行を集録した山科道安著『槐記』はじまる。
一七二八		一三	左入剃髪、長入、吉左衛門を襲名。	
一七三〇		一五		表千家六世覚々斎没(53)。
一七三三		一八	左入、赤黒あわせて二〇〇個の茶碗を造る。(左入二〇〇)。この頃、『樂焼代々』はじまる。	裏千家七世竺叟没(25)。
一七三六	元文	元	『樂焼秘嚢』成る。	
一七三八		三	左入、長次郎一五〇年忌法要をおこない、記念に一五〇の赤茶碗を造ったと伝える。	
一七三九		四	九月二五日、左入没(55)。	
一七四〇		五		千利休一五〇回忌。
一七四一	寛保	元	『樂焼名物絵図任土斎弥兵衛秘書』成る。	表千家如心斎、裏千家一燈、川上不白ら七事式を制定す。
一七四三		三		六月、尾形乾山没(81)。
一七四五	延享	二	得入生まれる。	
一七五六	宝暦	六	了入生まれる。	
一七六二		一二	長入剃髪、得入、吉左衛門を襲名。	
一七七〇	明和	七	九月五日、長入没(57)。得入隠居、佐兵衛と称す。了入、吉左衛門を襲名。	
一七七四	安永	三	一一月一〇日、得入没(30)。	
一七七五		四	了入、赤黒二〇〇個の茶碗を翌年にかけて造る。	
一七八八	天明	八	一月三〇日、京都大火(天明の大火)により樂家類焼し、長次郎以来の陶土を焼失す。	一月三〇日、京都大火(天明の大火)により三千家とも類焼す。
一七八九	寛政	元	了入、長次郎二〇〇回忌を営み、記念に赤茶碗を二〇〇個造る。	八月、裏千家石翁、天明の大火で焼失した茶室を再建。九月、利休居士の二〇〇回忌追善茶会を催す。

長入

宗入

得入

左入

了入

一七九五	七	旦入生まれる。	
一七九七	九		松平不昧、『古今名物類聚』を刊行。
一七九八	一〇	得入二五回忌にあたり「賢義院得入日普居士」の法名がおくられる。	
一八一一	文化 八	了入剃髪、旦入、吉左衛門を襲名。	四月、奥田頴川没(59)。
一八一七	一四	三月三日、慶入生まれる。	
一八一八	文政 元	了入、表千家了々斎手造り茶碗五〇個を焼く。	松平不昧没(68)。
一八一九	二	了入、了々斎、旦入とともに紀州へ赴く。この時「旦入日記」書かれる。	
一八二五	八	了入、石山に隠棲。この年、古稀を記念し、赤黒七〇個の茶碗を造る(古稀茶碗)。	
一八二六	九	旦入、紀州徳川治宝侯より樂の印判(隷書印)を拝領す。	
一八二七	一〇	旦入、仁阿弥道八、尾形周平、永楽保全らとともに紀州偕楽園御庭焼に参加。	表千家吸江斎、京都の陶工を伴い紀州へ赴く。草間直方、『茶器名物図彙』を著す。
一八三〇	一三	旦入、紀州西の丸御庭焼をつとめる。	
一八三三	天保 四		五月一五日、青木木米没(67)。この頃、宇治で玉露が創製される。
一八三四	五	旦入、紀州徳川斉順の湊御殿における清寧軒窯に奉仕し、志野、織部などの写し物を造る。九月一七日、了入没(79)。	
一八三八	九	一〇月、旦入、長次郎二五〇回忌を営み、記念に黒茶碗二五〇個を造る。	
一八四〇	一一		二月二八日、大徳寺において三千家合同で利休居士二五〇回忌を営む。
一八四四	弘化 元	旦入、清寧軒窯において黒茶碗一五〇個を造る。	
一八四五	二	一二月二日、旦入剃髪、慶入、吉左衛門を襲名。	
一八五四	嘉永 七	四月六日、御所炎上、樂家類焼す。一一月二四日、旦入没(60)。	九月一九日、永楽保全没(60)。

慶入

旦入

一八五五		二		五月二六日、仁阿弥道八没（73）。『形物香合一覧』版行。
一八五六		三	慶入、西本願寺御庭焼露山窯につとめ、大谷光尊より「雲亭」の号を受ける。	
一八五七		四	弘入生まれる。	宗旦二〇〇回忌。
一八五九		六		井伊直弼『茶湯一会集』を完成。
一八六七	慶応	三		大政奉還・王政復古。
一八七一	明治	四	慶入剃髪、弘入、吉左衛門を襲名。	廃藩置県。
一八七二		五		裏千家玄々斎『茶道の源意』を執筆し、知事に提出す。また京都博覧会に際して立礼席を考案する。
一八八四		一七	慶入、常慶二五〇回忌を営む。供養の作品に「天下一」の印を使用。	
一八八七		二〇	惺入生まれる。	
一八八九		二二		大日本帝国憲法発布。
一八九〇		二三	弘入、慶入とともに長次郎三〇〇回忌を営み、記念に赤茶碗三〇〇個を造る。	
一八九五		二八		三月二一日、益田鈍翁、「大師会」をはじめる。
一九〇二		三五	一月三日、慶入没（86）。	
一九〇六		三九		五月、岡倉天心、『（The Book of Tea）茶の本』をニューヨークで刊行。
一九一四	大正	三		第一次世界大戦はじまる。
一九一五		四		一一月、「光悦会」発足。
一九一八		七	覚入生まれる。	
一九一九		八	弘入剃髪、惺入、吉左衛門を襲名。	「佐竹本三十六歌仙絵巻」が切断され、各家に分蔵される。
一九二一		一〇		一二月二〇日、高橋箒庵著『大正名器鑑』刊行。
一九三二	昭和	七	九月二四日、弘入没（76）。	

慶入

弘入

一九三六	一一		一〇月八日、昭和北野大茶湯催される。
一九四〇	一五		四月二一日、大徳寺において三千家合同の利休居士三五〇回忌献茶式おこなわれる。
一九四一	一六	**惺入、長次郎三五〇回忌を営む。覚入、第二次世界大戦に召集さる。**	太平洋戦争はじまる。
一九四四	一九	**三月八日、惺入没。**	
一九四五	二〇	**覚入、帰国し、吉左衞門を襲名。**	太平洋戦争終結。
一九四九	二四	三月二六日、当代吉左衞門生まれる。	
一九七八	五三	**財団法人 樂美術館開館。**	
一九八〇	五五	五月六日、覚入没(61)。	
一九八一	五六	**一一月、当代吉左衞門を襲名。**	
一九八八	六三	**当代、長次郎四〇〇回忌を営む。**	

惺入

覚入

当代

*本年表は『樂焼四百年樂歴代と十四代覚入展』図録(1986)に記載の年表を中心にその他資料を加えて作成。

樂歴代のプロフィール

あめや（飴屋・飴也・阿米也）■生没年不詳

宗入が元禄元年（一六八八）に書き残した「宗入文書」に「あめや」の名がある。さらに同文書には長次郎は「あめや悴」と説明されている。同文書・樂焼系図には「元祖飴也」とあり、長次郎の父として初代に先立つ樂焼元祖と位置づけている。伝世する作品はない。近年の研究によって樂焼技術の基本となるものが中国福建省あたりの窯で焼かれた素三彩の技法であることがほぼ確定された。中国、おそらくは福建省のあたりから素三彩の技術をもって渡来した陶工、あるいは瓦師のような職業の人物であったのだろう。

初代長次郎　ちょうじろう

■生年不詳―天正一七年（一五八九）

唐人・あめやの子と伝えられる。千利休にしたがって赤樂茶碗、黒樂茶碗を造り樂焼を創設。長次郎の茶碗は利休形として、その造形の根底には千利休の侘の思想が濃厚に反映されている。とくに造形的な変化や誇張、装飾を極限にまで抑えた造形は、桃山時代の茶陶のなかにあって、きわめて独自な世界を形成、禅あるいは老荘思想の流れを汲みつつ、理念的な造形へと唯一踏み込んだものといえる。

長次郎の茶碗の成立は天正一〇年（一五八二）前後と推定されるが、確定的な資料はない。現在のところ『松屋会記』天正一四年（一五八六）一〇月一三日の茶会に用いられた「宗易形ノ茶ワン」が長次郎茶碗の茶会記における初見と考えられている。

田中宗慶　たなかそうけい

■天文四年（一五三五）―没年不詳

田中宗慶作の伝世作品「三彩獅子香炉」の年期銘によって、文禄四年（一五九五）に六〇歳であったことが知れる。

長次郎の妻の祖父で、天下一焼物師の名をゆるされ、長次郎とともに樂焼工房を営んだ。利休と同じ田中姓を名のり、利休、春屋宗園、長谷川等伯などと深い交流をもった人物と思われる。長次郎の樂焼窯の、いわば一族共同経営者のような立場であったと考えられる。

二代吉左衛門・常慶　じょうけい

■生年不詳―寛永一二年（一六三五）

田中宗慶の子。長次郎没後、樂焼の工房を統率して今日ある樂家の基礎を築く。これより樂家では代々吉左衛門を名のる。長次郎存命中にも樂焼工房を手伝っていると思われるが、実際の活躍は長次郎没後で、常慶茶碗のなかには造形的な動きのある大きく沓形に変形を加えた黒茶碗もあり、長次郎茶碗にはない作行きをもつ。

赤黒の二種の釉に加えて白釉（香炉釉）を考案。本阿弥光悦にも樂茶碗の制作を伝授。宗慶同様「樂」印を用いているが、すべての作品に捺印しているわけではない。

三代吉左衛門・道入　どうにゅう

■慶長四年（一五九九）―明暦二年（一六五六）

常慶の長男。別名「ノンコウ」。後世、樂歴代随一の名工とされる道入の作風には、それまでの樂焼工房にはない新しい作行きがある。とくに黒釉に白釉や透明釉をかけあわせて、装飾的な効果を融合させ、また茶碗の寸法も大きくなり、きわめて薄作な器胎を豊かに大きく張らせて明るい軽やかな個性を表現。これはまさに樂茶碗の新たな展開であり、個性表現を捨象した長次郎茶碗以来の樂焼の伝統にとって、きわめて革新的な出来事といえる。こうした道入の作陶の背景には、とりわけ本阿弥光悦との親交が考えられる。

四代吉左衛門・一入　いちにゅう

■寛永一七年(一六四〇)—元禄九年(一六九六)

三代道入の長男。父とともに作陶した期間は比較的短いが、一入茶碗には、道入の影響を深く受けたおおらかな作風のものも見受けられる。しかし晩年になるにしたがい長次郎茶碗の伝統に根ざす一入特有の作振りをみせる。また一方で、道入によって開かれた個性的な表現様式もみられる。とくに黒釉に朱色の釉がさまざまに混ざりあう鮮やかな黒釉(朱釉)を完成した。一入茶碗のなかには、一入みずから箱書付をした共箱に納まっているものがあり、作者みずからの書付は一入にはじまるとされている。

五代吉左衛門・宗入　そうにゅう

■寛文四年(一六六四)—享保元年(一七一六)

雁金屋三右衛門の子で一入の婿養子。元禄四年(一六九一)五代吉左衛門を襲名。宝永五年(一七〇八)剃髪隠居して宗入と号す。実父の雁金屋三右衛門は尾形宗謙の末弟、また尾形光琳、乾山とは従兄弟にあたる。長次郎茶碗に創作の基盤を求める宗入の作行きは、腰を低く落とした落ち着きのある姿、ぽってりとした口造り、ときには豊穣な柔らかな曲線を描き、あるいは巌のごとき強い張りをみせる。ことにカセ釉と称される黒樂釉は、長次郎への傾倒を端的にあらわすが、長次郎のそれにくらべわずかな色艶を感じさせる。

六代吉左衛門・左入　さにゅう

■貞享二年(一六八五)—元文四年(一七三九)

大和屋嘉兵衛の子として生まれ、のち宗入の婿養子となる。宝永五年(一七〇八)、宗入の娘、妙修の婿として六代吉左衛門を襲名する。享保一三年(一七二八)剃髪隠居して左入と号す。他家から迎え入れられた左入は、樂茶碗の伝統様式を学ぶことからはじめ、樂歴代はもとより、光悦茶碗や他の陶芸の模作を試みることで、その多くを習得した。とくに左入の本阿弥光悦写しには、技法はもとより、その趣を汲み取った優品がある。享保一八年(一七三三)には「左入二百」と称する二〇〇碗の赤、黒茶碗の連作を手がけた。

七代吉左衛門・長入　ちょうにゅう

■正徳四年(一七一四)—明和七年(一七七〇)

左入の長男として生まれる。享保一三年(一七二八)七代吉左衛門を襲名する。宝暦一二年(一七六二)剃髪隠居して長入と号す。長入の茶碗はたっぷりと大振り、やや厚づくり、豊かな量感を感じさせる。黒樂茶碗は光沢の強い漆黒の釉調を特色とし、赤樂茶碗には白土と聚樂土が用いられ、白みの強い薄赤色から赤みの強い色まで、数種の釉調をもっている。長入の作陶で特筆すべきことに、工芸的な彫塑作品がある。樂家仏壇に祭られている日蓮上人像や種々の香合類など写実性に根ざした立体的な造形には、秀でた才がうかがわれる。

八代吉左衛門・得入　とくにゅう

■延享二年(一七四五)—安永三年(一七七四)

長入の長男として生まれる。宝暦一二年(一七六二)八代吉左衛門を襲名する。明和七年(一七七〇)剃髪隠居して佐兵衛と号す。得入の名は没後二五回忌の際おくられた。二九歳で病死したため、その作品は歴代中もっとも数が少ない。また得入独自な作風の展開にまでは至らず、一貫して父、長入の作行きの影響がうかがわれる。しかし一方、得入の茶碗の魅力は、伝統的な樂歴代の様式にしたがいながらも、若者らしい初々しい作振りにあるともいえる。とくに率直で愛らしい趣のある赤茶碗には心打つものがある。

前印

中印

隠居印

九代吉左衛門・了入　りょうにゅう

■宝暦六年(一七五六)—天保五年(一八三四)

長入の次男として生まれる。兄、得入が二五歳で隠居したため、明和七年(一七七〇)、一四歳で九代吉左衛門を襲名する。文政八年(一八二五)剃髪隠居して了入と号す。六五年にわたる作陶生活は旺盛で、年齢をおってさまざまな作行きを展開したが、とりわけ隠居後六〇から七〇余歳にかけての自由闊達な作行きは、晩年の了入自身の心の表現、歳を重ねて到達した境地ともいえる。手捏ね茶碗におけるヘラ削りを強調したことも了入の特徴であった。樂茶碗に新たな展開をもたらし、近代の樂茶碗への影響も大きい。

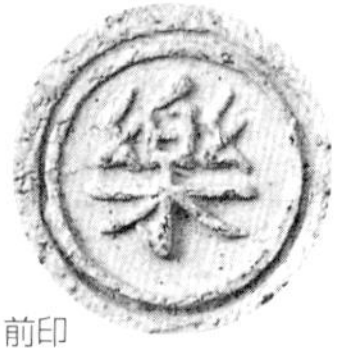

前印

拝領印(徳川治宝筆)

隠居印(拙叟宗益筆)

十代吉左衛門・旦入　たんにゅう

■寛政七年(一七九五)—嘉永七年(一八五四)

了入の次男として生まれる。文化八年(一八一一)十代吉左衛門を襲名する。弘化二年(一八四五)剃髪隠居して旦入と号す。また文政二年(一八一九)よりたびたび紀州へ下り徳川治宝侯、斉順侯のお庭焼である偕楽園窯、清寧軒窯に奉仕している。旦入は父、了入のヘラ削りを主体とした作風をさらに押し進め、技巧的な完成をみせた。茶碗胴部に走る縦横のヘラ、あるいは高台際や畳付にみられる細いヘラなど多彩をきわめている。窯変による鮮やかな変化を見せる赤樂釉に特徴がある。

前印(大綱宗彦筆)

中印

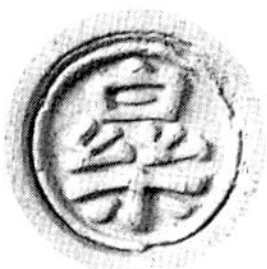

隠居印

十一代吉左衛門・慶入　けいにゅう

■文化一四年(一八一七)—明治三五年(一九〇二)

丹波の国、現在の京都府亀岡市千歳町国分の酒造家小川直八の子として生まれ、のち旦入の婿養子となる。弘化二年(一八四五)十一代吉左衛門を襲名する。明治四年(一八七一)剃髪隠居して慶入と号す。幕末から明治への変革期を生き、茶の湯をはじめとする伝統文化の顧みられることの少なかった逆境のなかで茶碗から皿、鉢にいたるさまざまな茶の湯の道具を制作、樂歴代のなかでもっとも多様な作域を示した。茶道にはことのほか熱心で、表千家碌々斎宗左より皆伝を伝授されている。

八樂印(石川丈山筆)

隠居印

十二代吉左衛門・弘入 こうにゅう

■安政四年(一八五七)—昭和七年(一九三二)

慶入の長男として生まれる。明治四年(一八七一)十二代吉左衛門を襲名する。大正八年(一九一九)剃髪隠居して弘入と号す。弘入は一五歳で家督を継ぐが、幕末明治の茶道衰退期であったため、父、慶入とともに苦労の日々を重ねた。弘入が実際に世に作品を出すのは二五歳頃からであった。弘入の茶碗には丸みをもった温和なものが多いが、赤樂釉の色調は変化に富んでいて、とりわけ窯変や火替わりによる明暗の変化が美しい。明治二三年(一八九〇)には長次郎三〇〇回忌の法要を営み、記念の赤茶碗三〇〇碗の連作をしている。

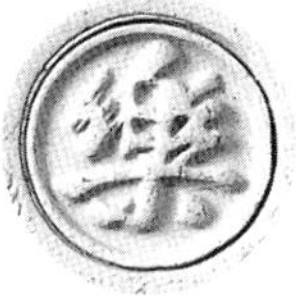

十三代吉左衛門・惺入 せいにゅう

■明治二〇年(一八八七)—昭和一九年(一九四四)

弘入の長男として生まれる。大正八年(一九一九)十三代吉左衛門を襲名する。相つぐ戦争の時代を生きた五七年の生涯はけっして恵まれた環境とはいえず、とくに晩年は辛苦の日々であった。作風は伝統にそったもので、困難な時代にあって樂焼の伝統を守り伝えようとした生真面目な生き方が、そのままあらわれているようである。釉薬について熱心に研究し、樂家にはそうした試みの作品が多く残されている。一方、茶道研究誌『茶道せゝらぎ』を発刊するなど茶道文化の啓蒙に尽力し、その研究内容、資料の重要性は今日なお評価が高い。

自筆印

拝領印(高松宮妃筆)

十四代吉左衛門・覚入 かくにゅう

■大正七年(一九一八)—昭和五五年(一九八〇)

惺入の長男として生まれる。昭和一五年(一九四〇)東京美術学校の彫刻科(現、東京芸術大学)を卒業。第二次世界大戦に従軍。昭和二〇年(一九四五)終戦を迎え戦地より帰国、のち、十四代吉左衛門を襲名する。東京美術学校において近代芸術の基礎を学びとった覚入の茶碗は、それまでの歴代の作行きとは一線を画す新たな造形世界を確立している。昭和五一年、文化庁より技術保存のための無形文化財保持者に認定された。また同年、「財団法人樂美術館」を設立、樂家に伝来した歴代作品や資料のすべてを寄贈した。樂美術館は昭和五三年に開館、一般に公開されている。

十五代吉左衛門

■昭和二四年(一九四九)—

覚入の長男として生まれる。昭和四八年(一九七三)東京芸術大学彫刻科卒業後イタリア留学。覚入の没後、昭和五六年(一九八一)十五代吉左衛門襲名、現在にいたる。

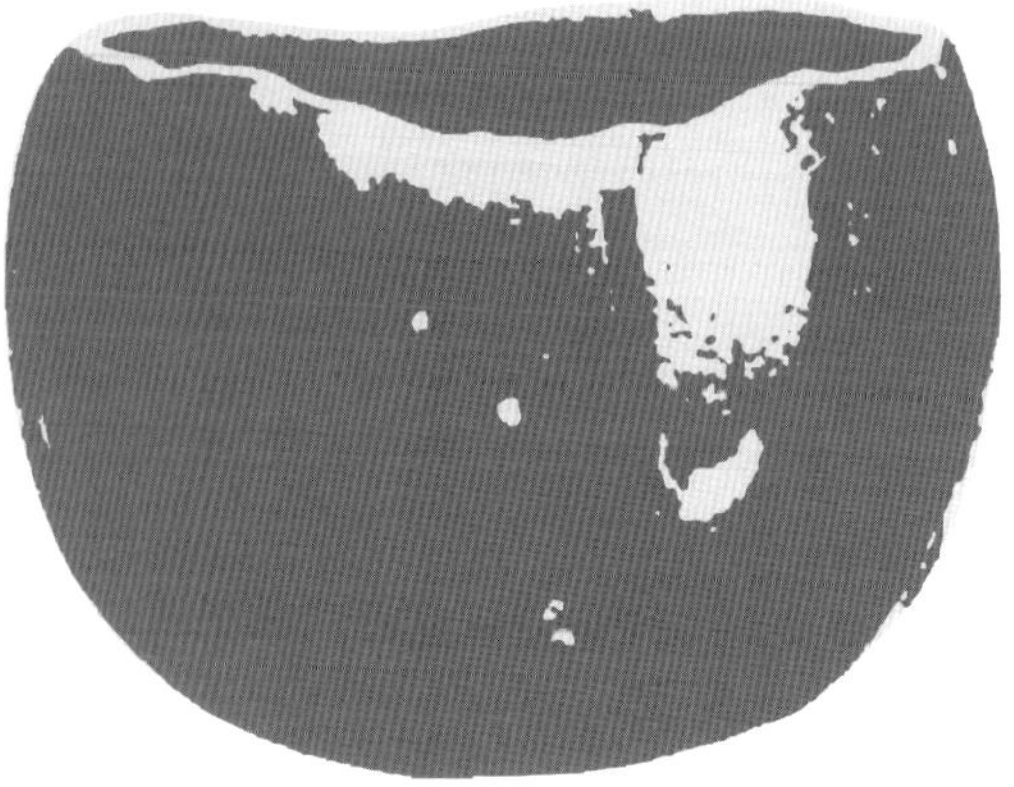

樂茶碗の扱い方

樂茶碗の取り扱いについて留意しなければならないのは、ただ一点、「軟陶」つまりやわらかい焼物であるということ。すでに述べてきた通り、樂茶碗は他の茶碗にくらべてやわらかな土質をもっている。それは樂茶碗の美意識を際立たせ、湯の熱さを吸収し、逆に、その温かさを保存するという茶の湯の用にかなうという利点でもある。しかしやわらかい土質は水を吸収する。そのため、いきなり茶を点《た》てると茶碗が抹茶を吸収して汚れの原因ともなる。

では、どう扱えばいいのだろう？

特に気をつけなければならない点など、次に具体的に示してみよう。

〈点てる前の心得〉

茶を点てる前に水で浄めることは作法としてなされているが、その前に、あらかじめ清水を十分に茶碗自体にあたえておくこと。それもさっと洗い浄めるだけではなく、水に少しの間浸けておくこと。

新しい茶碗ほど水を吸い込むので、一〜二分は浸けておく。真新しい使い初めの茶碗は、水を吸って色がより濃く変化するのがわかる。

使い慣れた茶碗は三〇秒も浸ければよい。

ぬるま湯に浸ければ茶碗が温まって、点てた茶が冷めにくく保温に一層効果的。ぬるま湯に浸けて温めた茶碗で練った濃茶は、末客まで温かい。

〈使用後、片づけの心得〉

なにより乾燥を心掛けること。

よく乾かさないと湿気によって茶碗が傷むので、この点、十分に注意する。

片づけるときはふつうに水で洗い、その後十分に水屋で乾かすこと。

たいせつな茶碗を早く箱に入れて片づけたい思いはあるが、少なくとも一週間以上は

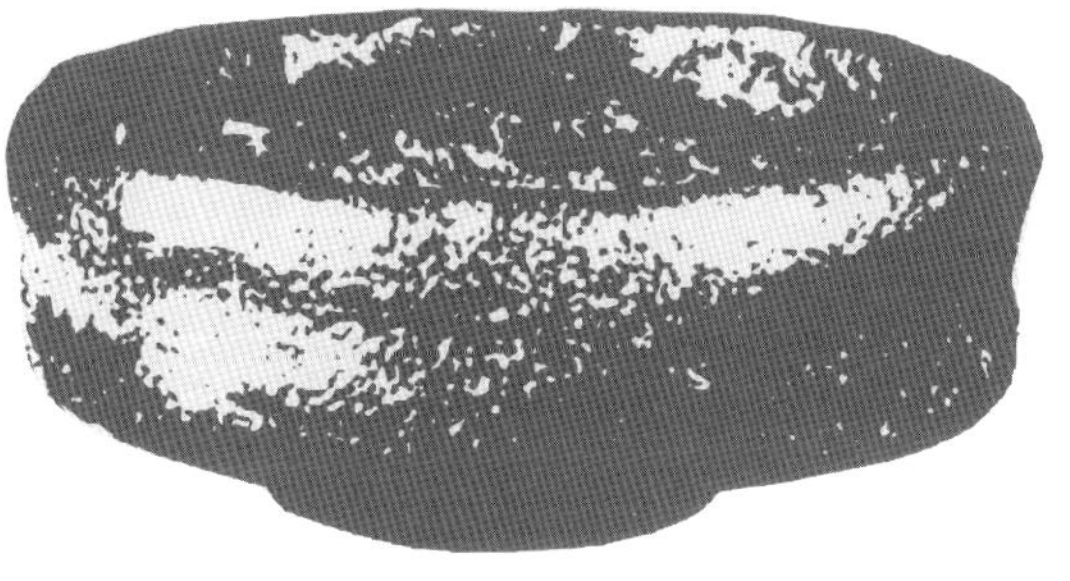

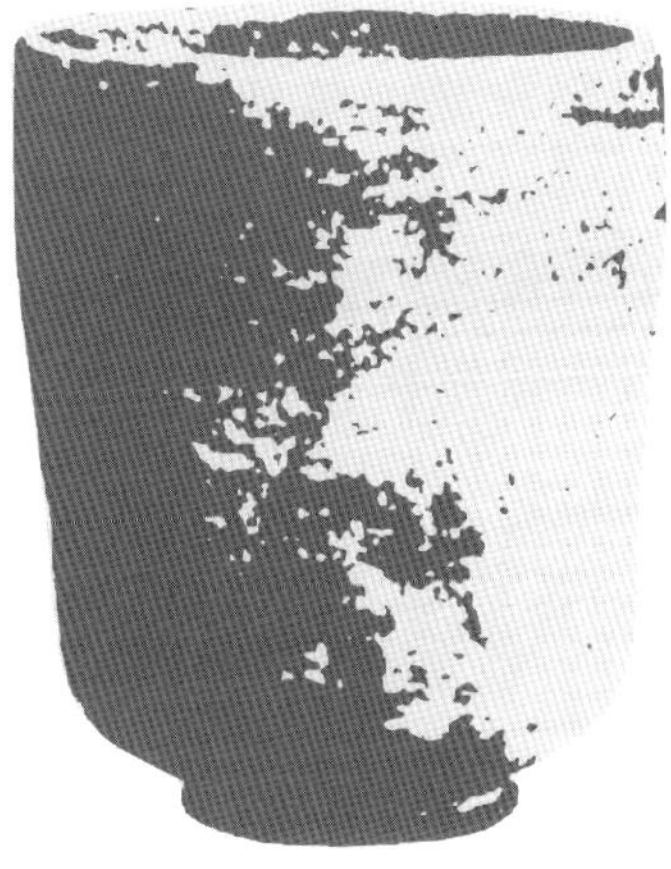

棚の上に置き、そのまま乾かしておく。梅雨時などは箱にしまうのを遅らせ、梅雨明けの晴れた日に箱にしまうぐらいの気づかいが必要。

水気をふくんだまま箱に片づけると茶碗を傷め、さらに湿気た臭いが茶碗に移ってしまうので注意。

〈万一湿気の臭いが茶碗に移った場合の対処〉

湿気による悪臭は茶碗のやわらかな土の粒子に入り込み、茶を点てるとその嫌な臭いが湯気とともに外に出て、おいしい茶を台無しにしてしまう。

もし茶碗がこのような状態になった場合、どうしたらいいのだろう?

それを直す方法は一つしかない。それは茶を点てること。毎日一服、使用時の注意にしたがって水で清めた後、茶を点てる。どのような強い臭いがしていても約一週間、毎日一服点てれば臭いは取れる。湯通しや水洗いでは臭いは取れない。これは抹茶自体に臭いを取る物質がふくまれているゆえの効果である。

こうして仕立てられ、飲み慣れた茶碗は土質自体も締まって、臭いがつきにくくなる。新しい茶碗ほどやわらかく、こうしたトラブルも多いので注意が必要。

焼き上がったばかりの茶碗はまだ赤子のようなもの、茶碗はまさに使って育ててこそ一人前に成長するということを知ってほしい。

〈樂焼の酒器などについて〉

樂焼の盃や徳利は前記の通り茶碗と同じ扱いをするが、それでも酒気は素地にしみ込む。永年使用すると、発酵したような酒の臭いが盃や徳利に付着してしまうことがある。

そのときは、どうすれば直るのだろう?

できれば使用後は水で清め、一夜たっぷりと水を張ったボールの中に漬けておくと、しみ込んだ酒気が取れる。もちろんその後は十分に乾かしてから箱にしまう。

樂美術館の紹介

樂美術館

樂焼窯元《かまもと》、樂家は京都市上京区、御所から近い閑静な住宅街のただなかにあって、初代以来四〇〇年、今も変わらぬ樂焼伝統の陶技を伝えています。

樂美術館は、樂家に隣接してたてられています。昭和五三年(一九七八)、十四代樂覚入によって設立されました。美術館の敷地は、代々掘り出した陶土をさらしておくための土干場が当てられました。塀の向う、木立の陰には樂家の窯場の屋根が見えます。

収蔵作品は約一〇〇〇点、樂歴代作品を中心に、樂家に伝わった茶道工芸品と関係古文書から構成されています。

これら収蔵品は、好事家のコレクションとは異なり、歴代が次代のために参考となるよう手本として残してきたものです。樂家の歴代はこれらの作品から樂焼の伝統を学び、制作の糧としてきたといえます。まさに樂美術館には樂焼四〇〇年の伝統のエッセンスが保存されているのです。

樂美術館では年三回の特別展を中心に、樂焼を中心に茶道工芸美術の展覧会を開いています。茶室にいるような雰囲気の和風展示室は三室に分かれ、特に第一室では初代から現代まで歴代の茶碗が一堂に並び、四〇〇年の歴史の重みとその推移が手に取るように感じられます。また、付随する茶室では、毎月『特別鑑賞茶会』が催され、美術館所蔵の歴代の茶碗、作品を用いて茶会が催されています。樂家十五代当主・

エントランス

樂吉左衞門が席で詳しく説明をおこないます。

茶会は少しかた苦しいと思われる方には『手にふれる樂茶碗観賞会』という催しがあります。こちらは学芸員の説明とともに、歴代茶碗を手に取ってじっくりと鑑賞することができます。

茶碗は使われるもの、手に取ってこそ良さがわかります。手にふれる感触、やわらかで繊細な造形、釉薬や土の表情、重さと量感、高台の削り、見込の広がりなど、手取りの感覚、展示室のガラス越しでは味わえない新たな世界が見えてきます。茶碗はまさに手のひらの中の宇宙です。

『手にふれる樂茶碗鑑賞会』

小間ならではの雰囲気の中で道具組をご覧いただき、その後広間にて、樂歴代の作品を手に取って鑑賞していただきます。

☆詳細はお電話にてお問い合わせください。

☆日程は変更となることがあります。詳細は電話にてお問い合わせ下さい。

『特別鑑賞茶会』

手にふれるだけではなく、それで茶を味わいたい、そういう方のために樂美術館の茶室で催される茶会です。もちろん樂茶碗は当館収蔵作品を使います。歴代の茶碗で点てた茶を楽しめます。席主は当代吉左衞門。茶室では当日使用の道具について楽しい対話がはずみます。

☆詳細はお電話にてお問い合わせください。

ロビー

第一展示室

樂美術館外観

公益財団法人 **樂美術館**

住所 京都市上京区油小路通一条下る油橋詰町

Phone 075－414－0304

URL: http: //www.raku-yaki.or.jp

開館時間 午前10時～午後4時30分（入館は4時まで）

閉館日 月曜日（祝祭日の場合は開館） 展示替期間

写真協力

梅澤記念館
頴川美術館
京都国立近代美術館
京都市埋蔵文化研究所
京都府埋蔵文化財調査研究センター
宮内庁三の丸尚蔵館
高台寺
広隆寺
五島美術館
今日庵
相国寺
茶道資料館
長興寺
東京国立近代美術館
東京国立博物館
徳川美術館
畠山記念館
藤田美術館
不審菴
文化庁
宝台院
三井記念美術館
湯木美術館

企画監修
樂美術館

撮影
畠山 崇／宮原正行

ジャケット・本文デザイン
峰田順一（遊メーカー）

樂焼創成 **樂ってなんだろう**
平成13年 8月 1日 初版発行
平成29年 2月19日 11版発行

著者——— 樂吉左衛門
発行者—— 納屋嘉人
発行所—— 株式会社 淡交社
本社 〒603-8691 京都市北区堀川通鞍馬口上ル
営業 TEL 075-432-5151
編集 TEL 075-432-5161
支社 〒162-0061 東京都新宿区市谷柳町39−1
営業 TEL 03-5269-7941
編集 TEL 03-5269-1691
http://www.tankosha.co.jp

印刷・製本——— 大日本印刷 株式会社

ISBN978-4-473-01825-0